未来零售

解锁新零售的关键模式

殷晖　乔培臻　俞书琪◎著

ZHEJIANG UNIVERSITY PRESS
浙江大学出版社

图书在版编目（CIP）数据

未来零售：解锁新零售的关键模式 / 殷晖，乔培臻，俞书琪著. — 杭州 ： 浙江大学出版社，2021.3
ISBN 978-7-308-21041-6

Ⅰ. ①未… Ⅱ. ①殷… ②乔… ③俞… Ⅲ. ①零售业—商业经营 Ⅳ. ①F713.32

中国版本图书馆CIP数据核字（2021）第013898号

未来零售：解锁新零售的关键模式

殷晖　乔培臻　俞书琪　著

策　　划　杭州蓝狮子文化创意股份有限公司
责任编辑　黄兆宁
责任校对　陈　欣
装帧设计　水玉银文化
出版发行　浙江大学出版社
（杭州市天目山路148号　　邮政编码　310007）
（网址：http：//www.zjupress.com）
排　　版　杭州林智广告有限公司
印　　刷　浙江印刷集团有限公司
开　　本　710mm×1000mm　1/16
印　　张　15.75
字　　数　200千
版 印 次　2021年3月第1版　2021年3月第1次印刷
书　　号　ISBN 978-7-308-21041-6
定　　价　58.00元

浙江大学出版社市场运营中心联系方式：0571-88925591；http：//zjdxcbs.tmall.com

序一

在我多年的工作中，曾经与很多杰出的同学共事，殷晖就是其中之一，他与我有过两段难忘的工作经历，在我的团队中给我留下了深刻的印象，因为他始终保持独立的思考。这种思考和实践在今天终成此书，我相信该书将在零售的探索实践中扮演重要角色。

本书提出了关于新零售的 5 个创新理论。新零售首先是渠道商、供应商、消费者之间的一种新型关系。场景角色是新零售价值链中，从传统渠道中分化出来的新角色，场景起到了激发用户需求，并使用户需求能够更加清晰地被表达、帮助用户更好地做出消费决策的作用。在新技术背景下，一定会产生若干新渠道业态，包括适应不同场景的新的渠道业态。智能算法将形成需求与供给之间的新的连接方式，结合新的渠道业态，创造出新的交易方式。如果只有单纯的渠道变革就不是新零售，唯有消费者导向、全产业协同和融合才会带来真正的效率提升和价值变革，而这才是新零售的本质。

本书的影响将随着时间推移不断增长，为新零售的下半场提供一定的指导和借鉴，很高兴三位作者能把经验分享给更多人。希望大家在阅读中有所裨益！

乔新亮

（彩食鲜 CTO，曾任环球易购 CTO、TGO 鲲鹏会荣誉导师、前苏宁科技集团副总裁，曾任 IBM GBS 副合伙人、AOT 成员）

序二

揭开新零售世界的面纱

本书的作者之一书琪是我的硕士研究生，读书的时候，这孩子就在杂文、小说等体裁的写作方面展现出了浓厚的兴趣，我们师生团队曾经做了一个“出版江湖”的新媒体项目，书琪专门创作了一篇武侠小说用于宣传推广，当时我就感慨，书琪这孩子极适合去做一些创意性工作。今年上半年，她告诉我，疫情严重闭门不出的时候，和朋友一起合作了一本关于新零售的书，如果能有机会出版，希望请我作序。为人师者最高兴的莫过于看见学生能有小成，我便欣然应允了，这就有了这篇序。

尽管我并非零售业的专业人士，却和所有人一样，生活的衣、食、住、行都离不开“零售”的影响。无论是我陪太太去盒马购买生鲜，还是购买小米生态的产品，这些“新零售”大潮下催生的新事物实实在在给我们带来了不同寻常的体验。

互联网技术不断发展，深刻影响了传统的零售业态，现在的零售市场与以往大不相同，线上化、简便化、服务化……许多企业利用电商平台进行转型与升级，卖方逐渐成为综合集聚体，进行平台服务立体化升级，提供多种销售选择，给予买方更多的空间。然而，面对线上零售这片红海，如何发挥自己的优势，整合资源，延长产业链，打造不可取代的销售平台，成为许多同类型企业急需面对的问题。

近几年全场景零售是众多零售商都鼓吹的大旗，似乎加了自助收银机、自助收银推车就是“新零售”了，很多还需要配置营业员辅助消费者操作，相当鸡肋。我所在的出版行业也未能免俗，既卖书又卖饮品和文创产品成了受欢迎书店的标配，当然我认同这是一种很好的书业振兴的方式，但很多书店的华丽装潢不能够营造阅读氛围，餐饮昂贵又不可口，周边产品的价格贵得离谱又没有文化差异，反而有损书友的体验观感。

总之，“新零售”似乎是个不再新潮也不那么让人有怀想空间的概念了，但这个认知，在我读了《未来零售：解锁新零售的关键模式》这本书之后，被打破。三位作者针对当下流行与新兴的零售企业发展案例进行了解析，并从它们实践的细节和结果中抽丝剥茧出具有普适性的借鉴之处，让我耳目一新。

首先，作者结合“新零售”一词的衍生过程，对其重新定义，划定了本文的关键问题与研究范围。

其次，作者深入了解了当前火爆的“盒马鲜生”“直播带货”“网红书店”等主题，根据叙述具体案例的实践方式，从“价值链”“供应链”“场景”“渠道”等角度分析了当前运营存在的问题与不足，提出了一些可参考的改进方式。

最后，用“新未来”的5个角度对零售业的前景展开设想，强调以消费者为导向的重要性。这也是现今各种服务发展的趋势——以受众需求为基础，打造用户专属的、个性化的服务路径。

本书围绕当前行业内发展迅猛的案例进行展开，通过全面细致的调研，获取了最新的一手资料，兼具时效性与专业性。为了使读者更好地理解各案例发展的具体态势，书中多使用通俗性的语言进行叙述，便于理解，避免该书成为一本刻板生硬的教科书式的指导性分析用书。

希望这本书不仅能让从业者得到一些启发，也能为生活在新零售时代的我们揭开许多“销售奇迹”神秘的面纱，不再受困于当前混乱的零售环境，从而适应多样化的零售世界。

杨海平

（南京大学信息管理学院教授、博士生导师，出版研究院副院长，

国家社会科学基金重大项目首席专家）

序 三

新零售将更好地服务用户

我和殷晖相识于苏宁易购，曾携手打造苏宁零售能力对外输出的新零售SaaS 化产品——苏宁品加，共同奋斗过无数个日日夜夜，历经多少次产品战略推演、产品原型讨论、产品上线前的紧张和兴奋、客户签单的喜悦……殷晖作为产品经理，总是用自己丰富的行业经验、敏锐的市场洞察力以及常人无法比拟的求知欲，带领产品团队进行产品商业模式探讨、产品原型和交互设计。所以，我始终认为殷晖是零售行业中既有丰富的新零售产品落地经验又非常善于进行理论归纳总结的行业专家！

2016 年，马云老师的一次演讲，成功地将“新零售”变成火遍大江南北的热词。作者没有简单地介绍新零售的发展历程和行业趋势，更多的是从全新的思维维度，以一个又一个我们身边的零售业态的创新企业和模式为案例，进行深度的思考和研究，更多的是启发、激发读者的深度战略思考，从“盒马生鲜赢了吗？”“苏宁收购家乐福背后的逻辑”“拼多多的后起神话”，到今年大火的“直播带货的下半场”，等等，让读者更好地理解新零售如何进行价值链的整合、如何提高供应链的效率、场景和渠道怎样合建、如何把握近邻渠道和线下传统门店进行零售智能化改造，最终给出作者对新零售未来趋势的预测：服务变革、场景革命、算法革命、体验革命和价值变革。与其说这是一本全面论述新零售理论的书，不如说这是一堂生动的新零售领域的 MBA 课。这本书无论对创业者，还是正在探索新零售的行业高管和企业家，以及普通的新零售爱好者，都将会有深刻的启发。

无论新零售将来如何变幻，它始终以用户需求出发，这是零售作为古老行业一直不变的根基。这就需要不停地挖掘用户最新的需求变化，打造有竞争力甚至独一无二的零售类产品和服务，我们的竞争对手是“不断变化的用户需求”，而不是同行，不能过分地注重门店数量和规模。零售业的前辈 7-Eleven 创始人铃木敏文先生早就说过，比起提高门店在全国的覆盖率，我们优先考虑的是如何保证每个门店的产品和服务品质，供应链的任何一个环节出现问题都将对产品和服务的品质产生较大的影响。

近年来，传统零售和移动互联网、大数据、云计算、人工智能等新技术进行了深度融合，零售业的用户体验模式也产生了很多让人欣喜的创新，所以零售的数字化转型应该以用户体验为核心，不能一味地追求时髦，大跃进式地上马新技术，要与用户消费场景结合，以提升用户体验为最终目的。本书在第 6 章给出了线下零售智能化的路径建议，值得读者去深度思考。

最后，我借用书中很精辟的一句话“新零售时代是以消费者为导向的，谁能掌握消费者需求，谁就可以主导消费的整个过程”，希望读者能从书中更好地捕捉到自己产品的用户需求变化，打造与之契合的产品，为用户提供精准且高品质的服务和消费体验，进而在未来新零售的战场中以用户为中心，为用户构建最自然、舒适的体验环境，战无不胜，攻无不克！

宋加磊

（原苏宁云运营总监，原海信智慧城市解决方案负责人）

目录

第  章

合建场景与渠道

第  章

把握近邻渠道

第  章

线下零售智能化

第  章

新零售的未来

序章

崭新的零售时代

当你初见这本书的书名，肯定以为我们无非是新瓶装旧酒，又要再讲一遍“新零售”的陈词滥调。

确实，自新零售概念提出之日起，各路人马的解读、定义便层出不穷，然而大家又各执一词，缺乏对问题本质的客观认知和深层次的剖析，反而让人越看越迷糊。

这正是我们写这本书的初衷—— 一句话将新零售是什么说清楚。

◎“新零售”概念之辩

先来看一个源自商务部的官方定义：新零售是以消费者体验为中心，以行业降本增效为目的，以技术创新为驱动的要素全面更新的零售。

“以消费者体验为中心”的说法，听起来太过狭隘，况且到底是指哪些行业，难道仅仅是指零售行业吗？在笔者看来，新零售需要多产业要素的整合和协同，以实现降本增效，推动社会经济的高速发展。

几大主流电商渠道，阿里、苏宁、京东也各执一词。

虽然“新零售”一词源于阿里，但即便是其内部人士，在不同体系、不同时段也会做出不同的表述。马云应该知道通盘全貌，但马云也没给大家完整地上过这堂课。

苏宁近年来一直追求的智慧门店、智慧零售，将新零售理解为：通过物联网和互联网的深度结合，实现感知消费者需求、预测消费趋势，从而引导生产制造，提供多样化、个性化服务。但如若仅仅谈论技术，未免太过小气。

引导生产制造的出发点是什么？是渠道（零售商）还是消费者？这一点如果未能理清，恐怕又要重蹈传统零售的覆辙。要知道，渠道从自身利益出发误导生产制造，正是传统零售内在结构性矛盾所带来的严重后果。所以，新零售必须强调以消费者为导向。

京东对新零售的定义是：第四次零售革命下，基础设置变得可塑化、智能化、协同化，实现成本、效率和体验的升级。即使是京东这样极具狼性的创新企业，目光也仍局限在零售行业自身的发展上。但是，新零售涉及多产业协同，绝不仅仅是零售行业自身的事。

另外，致力于让每个人都能享受科技的乐趣的小米，其构建的生态系统非常具有场景价值。但小米认为，新零售的本质是改善效率，通过产品升级，释放消费者的购买需求。实际上，小米的定义存在本末倒置的嫌疑，应该是通过释放用户需求，来带动产品升级。

笔者无意“批判”各大巨头的“新零售”布局来哗众取宠，只是希望抛开五花八门的技术，跳出具体商业结构和模式的限制，从商业本质出发，告诉用户，新零售究竟是什么。

而在谈论新零售之前，我们得先从传统零售开始谈起。毕竟，只有明确了矛盾，才能明确被变革的对象和革命的受益者。

◎ 曾经的增长传奇

中国人一直爱用“沧海桑田”来描述世事的巨大变化，只不过，这样的演化需要数百年甚至上千年的光阴。

改革开放以来，一切更迭得更快，大众更习惯用另一个形容词“日新月异”去感叹以日为单位不断刷新纪录的中国速度。特别是中国经济，上演了令世界瞩目的增长传奇，一改积贫积弱的面貌，成为世界经济增长的重要引擎。

美国社会学家丹尼尔·贝尔将历史划分为三个阶段：前工业社会、工业社会和后工业社会。他认为以服务为基础的后工业社会，最重要的发展因素将不是体力劳动或能源，而是信息。

中国经济在短短 40 多年内，便经历了从以制造业为主的工业时代，到零售业崛起的后工业时代（消费时代）两个高速发展阶段的转型。

中国工业时代

20 世纪 70 年代，我国进入改革开放时期，与此同时，西方也进入新一轮的创新周期。依托西方创新技术与国内进步生产力的结合，中国制造业得以飞速发展，成为 GDP 增长的第一推动力。

此阶段，中国制造业的发展主要由海外市场需求驱动，因为中国的劳动力、资源成本与国外相比具有明显的低价优势，国内低端产品和国外高端产品形成互补，从而很大一部分 GDP 依靠出口外贸来拉动增长。

但步入 21 世纪之后，特别是经过 2008 年经济危机，国际和国内贸易环境都发生了变化。一方面是作为经济增长动力“三驾马车”之一的出口受阻，外国经济形势普遍低迷，开始抵制中国出口。此外，随着中国劳动力成本持续上涨，全球制造业逐渐向成本更低廉的东南亚国家转移。

另外，此前国内零售市场做得并不好，随着内需的持续扩大，国民消费水平不断提高，产业结构和消费结构也面临着升级，中国开始扩建零售基础，经济步入了第二个飞速发展阶段。

中国消费时代

如果说改革开放的前 20 年工业时代的发展，带来工业、制造业能力的飞跃，后 20 年中国则步入了后工业时代，形成了统一繁荣的消费大市场，“消费”成为经济发展的第一推动力。

与国内蓬勃旺盛的消费需求共生共荣的，是阿里、京东、苏宁、拼多多等零售渠道的飞速发展。它们日益精进的渠道覆盖、逐渐完善的零售基础能力建设，实现了对规模消费需求的满足。并且带来了高效而低廉的信息交互服务，对消费者的消费观念、购物方式、支付方式都产生了深远影响。

互联网电商的强劲动力与层出不穷的创新能力，让大众以为，繁荣的景象仍然会持续相当长一段时间。然而，随着我国经济总量的持续扩大，经济增速不可避免地开始放缓。

从宏观数字来看，2015 年，中国全年经济增速为 6.9%，正式进入“6 时代”，及至 2019 年增速为 6.1%。而开年不利的 2020 年，受新型冠状病毒疫情肆虐全球的影响，预测增速还会更加低缓。

以微观视角审视身边，近两年社会上冒出很多声音，特别是中小型企业经营者纷纷诉苦“做生意难”，因为人口红利和资源红利日益减少，盈利空间持续压缩。

面对这样的困惑，我们需要认识到更深层次的原因：这是工业时代和消费时代的发展动能几近完全释放的结果，也是这两个阶段高速发展过程中积累的问题矛盾的爆发。

◎ 制造业和零售业的对冲

可以说，由于这两个阶段经济的高速发展，不仅国民生活水平提高，生活方式和思维模式也有了全方位的转变。但此前，制造业、零售产业各自独立、并行发展，缺失必要的协调与融合，导致很多隐患未能得到解决，一旦外部条件变得恶劣，内在矛盾就会被激化、暴露。

首先，制造业存在重复建设和产能过剩的问题。早期我国的制造业商品整体偏低端，由于出口遇阻，又不了解国内用户需求，产品无法得到用户认可，形成滞销。2017 年和 2018 年，国家经济工作会议连续两年强调去产能，就是不得不以行政手段缩减整体产能规模，淘汰一部分规模以下的生产制造企业。

值得我们深思的是：为什么无法通过市场机制淘汰这些企业，而必须使用行政手段？这说明，市场机制出了问题。一般来说，市场是优胜劣汰的，但现在市场逆向选择，变成“劣胜优汰”，因此，只能通过外部手段干预，例如采用环境污染指标来淘汰落后产能。

这反映了现行的经济模式下，交易过程中存在严重的信息不对称现象，如果不解决这个问题，最后可能导致整个市场的萎缩，即美国经济学家乔治·阿克尔洛夫提出的，所谓的柠檬市场效应。①

① 柠檬市场效应是指在信息不对称的情况下，往往好的商品遭到淘汰，而劣等品会逐渐占领市场，从而取代好的商品，导致市场中都是劣等品。

其次，渠道的高速发展刺激制造业，加剧产能过剩。为应对国内高速发展的个人用户需求，中国零售业接棒制造业，得到了高速发展。特别是专业化渠道的进化，解决了制造商的销售问题，完成了中国实际意义上的统一大市场。

但与此同时，渠道的升级却对制造业产生了一定的副作用，甚至会引发制造业的一些问题。这是因为：一方面，渠道的发展刺激了制造业产能的发展，进一步加剧了产能过剩问题；另一方面，虽然整体零售行业表现出上行趋势，但实际上，国内很多用户需求无法通过制造业提供的低端商品获得满足，当前渠道承担了部分匹配的功能，暂时缓解了矛盾，但需求与商品匹配的矛盾一直存在，甚至愈演愈烈。

这也是国人曾热衷于去日本买马桶盖、电饭煲，以及跨境电商持续增量的原因。仅 2019 年，跨境电商进口金额同比增长了 16.9%，2020 年年初，六部委联合印发通知，将进一步扩大跨境电商零售进口试点，这说明国内对进口商品的需求依然旺盛。

扩大电商零售进口，不仅可以增加关税收入，而且能够吸引境外消费回流，不失为一举两得的好手段，但终归不能从根本上解决我国内需与供给不平衡的矛盾。我们需要剖开表层看本质，弄清楚是什么原因导致消费外流。

一种观点简单粗暴地认为是中国制造能力不行，商品满足不了国内居民的消费需求。但这显然不是根本原因。

我们看到中国制造的商品，在满足内需的同时，还行销海外，从服装鞋帽、玩具百货，到家具家电、大中型设备，无所不包。20 年前，我们的确是以低端商品为主，但近年来通过持续不断地转型升级，中国的制造能力一点也不弱，甚至足以冲击海外中高端市场。

很多人辛辛苦苦从国外购买的商品，比如日本的马桶盖，可能就是产自中国。特斯拉上海工厂，从开工到第一辆国产特斯拉交付仅仅用了 10 个月的时间，不但速度绝无仅有，而且整车价格相较进口也便宜了 10 万元。

所以，中国的制造业能力没有问题。

另一种观点，则将锅扣到了消费者身上，认为是中国的消费者不行，只相信国外的品牌和产品，觉得外国的月亮都比中国的圆。这种说法具有一定的说服力，特别是我们从新闻报道上看到中国人在海外的惊人消费力时，格外没有反驳的气力。

但是，现在的中国，消费主力军已经变成新生代的 90 后和 00 后，他们出生在中国经济高速发展的时代，无论从经济能力还是消费心理上都没有老一辈的锚定心理。并且，随着国内对工匠精神的追捧和国潮的盛行，大量中国自主品牌焕发生机，赢得了年轻用户的喜爱，比如百雀羚、中国李宁等。

所以，从中长期来看，中国的消费者也没有问题。

那么问题到底出在哪？笔者认为是在渠道。

◎ “渠道为王”还是“渠道霸王”

零供关系是市场上存在的最普遍、最密切的经济关系，不过因为是“赤裸裸的交易”关系，所以一直是和谐与冲突交织上演。

零售商（渠道商）在我国零售市场中，相当长的时间里都处于显著的优势地位，垄断了销售。以家乐福、沃尔玛为代表的实体渠道商，不仅向供应商收取不合理的进场费、促销服务费、条码费等，还仅提供卖货的机会而不承担销售压力。

最让供应商不满的地方是，渠道商经常滥用延长账期、压低价格、拒绝订货等强制性权力，巩固其优势地位。它们以“低价”优势抓住消费者的心，实则在压榨供应商，控制制造商。

因此，渠道商简直是供应商与制造商的阴影，恨之却又不得不依附之，矛盾激化、撕破脸皮、分道扬镳的事件屡屡发生。

还有一种渠道类型也学习了大卖场的这种“吸金”模式，那就是百货商场。它们并不依靠销售商品获利，而是租赁店铺和摊位给商家，坐地收银，本质上也是靠垄断渠道获得收益。

及至近些年，网上商城出现，并以令人始料不及的速度更新变化，零供之间的利益冲突非但没有好转，反而愈演愈烈。

2017 年 9 月，零售界发生了一件事，引起轩然大波。某灯饰公司因不堪忍受京东的霸权，控诉店铺应有的自主经营权、管理权和自主定价权等受到平台侵害，发布了退出声明，获得多家企业的声援。部分商家表示，早在“618 大促”期间，便遭遇被京东“强拉会场”“锁定后台”“锁定库存”等情况。一时间，京东仿佛成了店大欺客的大魔头。

在以“流量为王”的互联网时代，随着资源越来越集中在头部电商平台手中，它们凭借资金、销售渠道和管理模式等方面的优势，在与供应商的不对等关系中日益强势。零售商不仅收取五花八门的条款费用，还充当起了金融管理的角色，押账的情况非常普遍，一般少则 45 天，长则 3 个月，严重侵害了供应商的利益。

再比如，每逢购物旺季，比如国庆、春节，或是电商平台自己创造的“双 11”“618”“818”等购物节，电商平台就会要求卖家把价格压得很低。进驻平台的商家心情非常复杂，一方面依赖平台的流量，另一方面赔钱赚吆喝。

作为消费者的我们，也未必真的能占到便宜。细想一下：谁能提供更低廉的价格？偷工减料的小生产商更容易，坚持生产高品质产品的大工厂反而不易。如此岂不是又成了劣币驱逐良币？

所以，无论是超市大卖场，还是百货商场，抑或是电商渠道，本质上都是渠道商挤压供应商。这种关系不对等的模式，造成了渠道商与供应商之间无法协调的矛盾，引发了很多恶果。

第一，引发恶性价格战。

渠道商之间为了抢夺流量，商品价格成为唯一的竞争要素，以价格战的方式开启了推销模式，并恶性传导引发了制造企业间的价格战，供应商失去了对商品价格的控制权。

某款智能门锁在京东和小米有品这两个平台渠道上都有售，在京东上的价格却比小米有品的便宜，小米有品只能跟进降价。如此，这款商品的价格策略实际上变成由渠道商来控制，供应商的价格策略则完全失效。原本，站在供应商的立场上，每个产品都有相对应的价格区间，比如智能门锁有 1500 元档和 1200 元档。如果渠道商将 1500 元档的商品降价到 1200 元档，便会冲击原有 1200 元档的商品，那么 1200 元档的商品也只能选择降价，而同行业的其他厂商也会通过价格战应对冲击，这就形成了多米诺骨牌效应。

对企业而言，在制造成本、劳动力成本不断攀升的情况下，如果仍深陷价格战泥潭，只会进一步压缩企业利润空间，导致制造企业自主创新和研发能力不足，企业还能承受多久这种“卖多少亏多少”的恶性竞争？

那么消费者又真正获利了吗？其实未必。价格战会引发大量以次充好的商品流入市场，随着消费者需求不断提升，个性化要求变多，他们也未必会继续为低价但低质的商品买单，所以，单纯依靠价格战来吸引消费者的方法注定不会长久。

第二，流量价值矛盾。

流量本身是由供应商创造的，因为消费者是为了购买品牌的商品而使用某个渠道。可以说，渠道商是无偿占有、用活、支配了品牌带来的剩余流量，渠道的价值才凸显出来。但是随着渠道终端能力的强势，渠道商开始操纵流量，并反向向供应商索取利益。

沃尔玛每一平方米货架产生的价值都是经过计算的，以向供应商收取更多的费用。电商平台的首页会有很多推荐位置，这也是渠道商操纵流量的手段。阿里其实是一个广告商，以将用户的注意力即流量，贩卖给供应商为生。供应商、品牌商为了增加销售额，就必须通过渠道商购买流量，为了吸引流量又必须不断降价，最后形成了“购买流量—价格战—购买流量—价格战”的恶性循环。

第三，渠道商双向表达能力不足。

渠道商本应承担消费者和供应商之间传达功能的职责。上要对接消费者，将消费者现有的和潜在的需求，通过一定的媒介精准激发、识别、表达出来；下要对接供应商，将经过识别的有效需求的信息更顺畅地传达到供给侧。

但我国的渠道商，恰恰在这项职责上出了问题！由于处在垄断地位，渠道商只关心供应商的销售问题，而很少关注用户需求，在对消费者需求的“表达”和“传达”这两个环节中存在极大缺失，从而导致宏观层面上需求与供给无法有效匹配。

之所以出现这样的问题，首先是因为渠道商不善于识别用户需求，或者识别用户需求对渠道商来说，并没有那么重要。渠道商一直将自己定位为产品的销售或推销媒介，所以，它们关注的重点都是现有商品和既得利益。

此外，渠道商甚至会出于私心，在需求的传达方面，人为设置一定的障碍。当渠道商收集到一定的消费者需求信息时，会倾向于将其垄断和私有化，以转化为私域流量进行谋利，这直接抬高了一些小众产品和品牌获取用户需求信息的成本，导致它们无法真正了解自己的用户并与之有效沟通，最终引发一系列供给侧问题。

上述传统零售中不可调和的矛盾，正是新零售变革的发端。如果能解决这些问题，将会为中国经济再带来至少 20 年的高速增长与繁荣。

◎ 新零售到底是什么

中国正进入一个真正的消费者主权时代，也就是继工业时代、消费时代之后的第三个发展阶段。如果说，当前经济增速放缓，源于前两个阶段制造业、零售业的动力已经相对释放，那么后 20 年经济增长的机遇在哪里？

笔者认为，未来 20 年发展的新动力，正来自制造和渠道这两个原先并行发展的产业，通过资源整合与协同形成合力，最终促成消费结构的优化。而这，正是新零售的核心发展要义。

零售因其在价值链居中间位置的特点，本质上需要解决两大问题，以及处理好两重关系。这两大问题：一是指连接的精准性问题，即解决用户需求与商品的有效连接问题；二是指交付便利性问题，即如何缩短用户需求与商品之间的距离问题。两重关系则是要处理好渠道商与制造商的关系，以及渠道商与用户的关系。

传统零售在这两点上做得都不好，所以当经济发展到一定阶段，其内在结构性矛盾激化，必然面临变革与转折。不过，当前大谈“新零售”的几乎都是渠道商，可它们本身就是应该被革命的对象，如此简直就是“贼喊捉贼”，谈何革新?

所以，想要真正实现新零售，当前的产业价值链中缺失一个重要的角色，来充当传统零售的“掘墓人”。这个角色，是“场景”。未来，渠道能否与场景合作，将成为判断其是否为新零售的一个核心指标。

新零售应该是真正以消费者为导向的，场景的引入能帮助消费者更好地了解及表达自身需求，提高用户需求与商品连接的有效性，从而实现理性消费，解放需求。

用户的需求信息通过场景，可以无损地经由渠道商传达至制造商，帮助制造商有目的性地生产，商品制造周期得以缩短，成本也大幅降低。渠道商还可将自有零售资源输出给制造商，帮助它们达成自有品牌的直接销售，这将大大改善制造商与渠道商之间的关系。

渠道商通过智能算法以及与场景的深度融合，实现更低成本的流量获取和更高的产品销售转化，从而得以更良性地发展。同时，还将创造新的渠道业态：一方面提高了用户消费的满意度，改善了消费者与渠道商之间的关系；另一方面，用户也是消费数据的贡献者，帮助渠道商和制造商完成产业升级。

所以，在新零售的图景下，渠道商通过自身成本的降低可以实现对制造商和消费者同时友好的新型关系，三方是互惠、互利、合作、共赢的，而不再是“零和博弈”的玩家。

综上所述，如果用一句话来概括真正的新零售是什么样的，应该是：

新零售是真正以消费者为导向的零售模式，消费者的需求得到充分的激发和真实的表达，制造商、渠道商、场景等多产业资源协同，以实现整体的降本增效，推动社会经济的高速发展。

一个崭新的零售时代已经到来!

第一章

群雄逐鹿新零售

“新零售”的概念由阿里巴巴在2016 年抛出，但其概念从2014 年甚至更早就已见端倪，其影响也将是长期且深远的。各大零售渠道随后也结合各自的市场定位和资源背景，提出了各自的新零售概念。我们试图通过阿里试水的盒马鲜生业态、苏宁收购家乐福、拼多多的后来居上、天猫收购网易考拉海购这些近几年来在业内掀起轩然大波，令人揣摩纷纷的行业变革事件，透过现象看本质，来探究新零售真正的蓝图。

◎ 第一节　盒马鲜生来了

2016 年，盒马鲜生横空出世的时候，恰如帝王蟹被网兜从池子里捞起，荡出了一阵猛烈的水花。蜂拥而至的普罗大众想尝的是生鲜的“新鲜”，虎视眈眈的零售业人士想尝的却是新型零售模式的“新鲜”。

号称“生鲜食品超市＋餐饮＋电商App＋物流”的线上线下一体化经营模式，沉甸甸的元素集合在一起，效应着实唬人。阿里巴巴的这着棋，当时让很多人都不知如何应对。

阿里为什么要做“生鲜”？

阿里一直以来的定位就是一个平台，为店铺提供零售平台而不亲自做经营。此外，阿里的能力长于线上，短于线下，此次选择从生鲜入手发力线下，看起来实非良策，因为生鲜绝对是一档难做的生意。

首先，生鲜的商品标品化非常困难，损耗也非常高。绿叶菜损耗超过50% 是常态，至于海鲜的存储更是麻烦。笔者有位做海鲜生意的朋友说，蛤蜊的存活期大约为3 天，逾期就要处理掉，活虾的存活期更短，这也解释了为什么在市面上的进口虾大都是冰冻的。

其次，生鲜的客单价较低，且高度依赖复购。而事实上，盒马鲜生用户的复购频次并不高，培育到现在，用户月购买次数也不过才达到4.5 次，远远比不上环伺周围的对手们：笔者常去的一家盒马鲜生，隔300米就是家乐福，再远点是沃尔玛，近处更是散落着菜市场和小商超，它们的复购率相比盒马鲜生明显更高。

在这种险恶的市场环境下，阿里入局生鲜领域，其实重点并不在于“生鲜”，而在“线下”。

（1）自建场景渠道，卓越用户体验

其实，从本质上来说，盒马鲜生仍属于一种传统的零售渠道，但是它打造了现买现吃的堂食场景，形成了“超市＋大排档”的综合体。新鲜的海鲜从水族箱到摆上餐桌只要半小时，眼见为实的“新鲜”，也为消费者在线上的复购提升了信任度。

况且，大排档本身是一种用户体验卓越的用餐模式，周围食客大快朵颐的场景营造出极佳的“吃播”氛围，深刻刺激消费者的用餐需求，这也是疫情之后国内要重启地摊经济的原因之一。

（2）多样化交付方式，重构零售业态

盒马鲜生支持到店购买、堂食和配送到家的多样化交付方式，极大地丰富了客群。他们既包括喜欢白天在店内闲逛的退休或居家人群，又包括生活节奏快、对价格不敏感、喜欢堂食的白领人群，也包括热衷于享受门店3千米范围内30分钟送达配送服务的80后、90后年轻消费群。

半小时送达的配送模式也重新制定了外卖配送的行业标准，在盒马鲜生附近的小区，因为生活更方便，房产中介甚至提出了“盒区房”的概念。可以说，盒马鲜生重新定义了一种受人追捧的生活方式，是阿里对线下超市完全重构的新零售业态。

（3）场景化数据，价值才更高

阿里此前借助淘宝已经收集到了足够多的消费数据，但是，淘宝上的生鲜消费数据和盒马鲜生的生鲜消费数据哪个更有价值呢?

无论是淘宝还是盒马鲜生的线上平台，对消费者而言，数据触达的维度都较浅，质量相对较低。毕竟线上更关注用户的消费行为数据，如加购物车数量、复数购买率、浏览次数等，但是无法触达消费者的需求数据。

盒马鲜生虽然也是渠道，但通过场景的数据化，获取包括浏览、消费、口味偏好、评价等行为数据，从需求的激发，到消费行为的产生，再到消费反馈，即消费全链路获取数据。这些数据的质量要远高于传统电商平台，因为消费者在线下购物场景中的决策，远比在电商平台中受广告、推荐、价格策略影响后的决策真实得多。

（4）从平台到自营的模式突破

阿里的定位始终是坚持平台化，为商户提供赋能，但盒马鲜生却算是阿里线下自营业务的开端，自主经营，考虑选品、采销、供应链、门店管理、人员管理等一系列工作。

相对于平台化经营，采销人员直接面对供应商、货权归盒马鲜生的自营模式，对供应链的掌控能力更强。同时，阿里在天猫、淘宝、1688 等积累的平台资源和能力可直接作用于盒马鲜生，如客群营销、导流、广告、推荐、预测补货等。

所以，从上述特点来看，盒马鲜生主要体现了阿里做出的两大突破，即从线上走向线下，从平台走向渠道。

由“新零售”概念到盒马鲜生的实践

盒马鲜生诞生的几个月后，也就是2016年10月的云栖大会上，马云在演讲中抛出了“新零售”概念：“未来的10年、20年，没有电子商务这一说，只有新零售。”这个概念非常新鲜，再加上宿命论的预言，理所当然成为行业热词，更由此开启了一段新的零售发展历程。

不过当时在会上，马云并没有给大家具体讲述什么才是新零售，所以也引起了后来五花八门的解读。但正所谓“听其言、观其行”，仔细审视马云提出“新零售”前后阿里的主要动作，就能琢磨出点门道了。

（1）1亿元的赌约

还记得2012年，马云和王健林的1亿元赌约吗？当时，在CCTV年度经济人物颁奖盛典上，二人就“电商能否取代传统的店铺经营”打赌，到2020年，如果电商在中国零售市场份额超过50%，王健林将给马云1亿元，反之亦然。

这个赌约实质上是两人对当时的传统商业和“新型零售”（互联网电商）发展趋势的一种预测。

随着时间慢慢来到2020年，我们今天看到的结果是，马云输了。从2014年开始，我国零售行业的线上零售额增速持续下滑，从2014年49.7%到2019年的16.5%。

外行人一直等着看马云的笑话，但其实，马云很早就已经感知到当初想法的偏差，并悄悄进行了修正。

2012年赌约的根源在于，马云与王健林当时都有个共同的观念，即线上与线下、传统零售与新零售是此消彼长的竞争关系。但很快，马云已经改变了这种对冲的竞争观念，将线上线下看作是合作共生的关系。

（2）“猫宁”合作

2015 年8 月，阿里与苏宁云商这两个零售界巨头，意想不到地联手了，双方通过交叉入股方式展开合作。阿里成为苏宁的第二大股东，2016 年4 月18 日，苏宁在天猫上线了苏宁官方旗舰店。

时至今日，还有很多人在讨论阿里和苏宁这次战略合作的真正意图及利益点。比较常见的说法是，阿里在天猫经营的家电品类产品受到来自苏宁的竞争威胁，还有人说是京东的快速成长威胁到阿里和苏宁的地位，所以促成二者联手对抗。

实际上，天猫与苏宁、京东都不构成直接的竞争关系，因为天猫是平台，而苏宁和京东是自营渠道，本质上定位不同。原本阿里可以坐山观虎斗，可是2014 年3 月，业内传来一则消息，让阿里深感不安。

腾讯收购京东15% 的股份，并将QQ 网购、拍拍网的电商和物流部门并入京东，腾讯公司总裁刘炽平加入京东集团董事会。在资本、业务、管理等各个层面都与京东展开了深度合作，可见腾讯想动电商平台这块奶酪的决心。

微信的入口和流量都在支撑京东，这为阿里敲响了警钟，为了强化其作为线上流量平台的竞争地位，必须采取措施应对腾讯的“杀招”。敌人的敌人就是朋友，具备与京东同量级的渠道型电商企业也只有苏宁了。

还有一点是合作的基础，阿里的零售能力优势在美妆、服饰、日用百货等品类，但家电3C 领域却很弱，苏宁则恰恰相反，双方合作也算优势互补、共同发展，所以便一拍即合。

与苏宁的合作只是阿里变革大动作的其中一环。来自腾讯的强有力竞争，导致阿里流量成本不断推高但运营效率则持续降低。此时阿里已经清晰地认识到，线上流量和数字化运营已是红海，相反，线下则是一片待改造的蓝海。

这就有了2016年11月阿里入股三江购物，12月接手永辉超市出售的2.37亿股联华超市股份的动作。

（3）弥补商业元素数据化短板

所以审视全局后我们发现，阿里投资商超和渠道类企业的初衷并不仅仅是简单的扩大商业版图。

当线上零售的整体规模日益见顶时，线下零售具备的优势尤为突出：

- 实体零售可以满足用户全感知在线的认知特点；
- 提供了基于情感的互动服务；
- 提供了更加真实的场景；
- 提供了即时交付、即时消费的购物体验。

阿里愈加清晰地认识到实体零售是新零售整体发展中必不可少的一个重要过程，甚至是下个阶段发展的核心。这对阿里来说是机会，同时也是巨大的挑战。因为阿里一直致力于实现商业要素的数据化，这是实现商业智能化这个大目标的前提，却在面对实体零售后，在物理层面遇到了障碍。

相比天然建立在数字化基础上的互联网，实体零售是建立在真实的物理世界的，既是一个交易场所，也是一个数据采集场所，两个功能是不可分离的（线上渠道可以分离，销售归渠道、数据归阿里）。而且数据分散在不同角落，受到了现实空间和时间的约束。

例如，在一个面积100平方米的门店，同一时间能摆放的商品的最大数是一个常数，但在线上渠道只要搜索功能做得好，1万件商品和1000万件商品，对系统而言没有压力，对用户感知来说也无甚区别。由此带来的成本也不像线下那样是线性的，线下需要额外投入1000倍，而线上可能仅需投入10倍的资源就能够实现。

所以，为了弥补线下商业元素数据化的短板，即使投入实体零售对于商业模式和成本结构都是极大的挑战，阿里也一定会去尝试，甚至赔钱也要做。就像收集一套邮票，一共12张，只差最后1张就集齐了，那这最后1张的价值有多少？线下的数据，就是阿里零售数据的最后1张邮票。

所以，阿里开始了以线上数据对传统商超的赋能改造，不仅对线下商超及便利店进行业态的创新，对天猫超市也进行了整合和优化。背后更深刻的逻辑在于，获取线下流量和数据，再进行线上数据和流量的变现，守卫阿里作为流量中心和数据中心的领先地位。

但阿里的强项一直是流量和数据，缺少线下基因，尤为突出的短板是供应链能力。我们看到，由此产生了线下门店的创新尝试——盒马鲜生。所以，盒马鲜生的实践是阿里“新零售”概念最直观的注解。

盒马鲜生的挑战

到2020年，盒马鲜生的实践已经走过了4个年头。继盒马鲜生之后，大约有4000位入局者，生鲜战场的激烈程度堪称惨烈，大部分都陷入了亏损。

有阿里这个大靠山的盒马鲜生也并没有成为赢家，既有退出福州市场、败走永辉大本营的区域性挫折，也有很难达到期望水平的绝大部分门店的坪效[①]。

即使转战下沉市场，陆续开出盒马鲜生菜市、盒马鲜生F2、盒马鲜生mini、盒马鲜生小站进军社区市场，也同样遭到超市、夫妻店、传统菜场的重重阻击，下沉之路更像是砸钱试错的过程。

在这里我们不谈盒马鲜生经营方向的对错，只从零售的角度去分析其商业模式中存在的问题。

① 坪效：每一坪店铺面积的营业额，1坪约为3.3平方米。

（1）线上线下仍是中心化渠道模式

盒马鲜生虽然是渠道内自建的场景，但仍未改变中心化渠道的模式，用户产生消费需求后进行交易行为仍是在渠道内完成的。虽然具备现场加工即买即吃的场景化体验，但避免不了场景单一，刺激用户消费决策的体验内容不足的固有缺陷。

这可能也是盒马鲜生持续进行盒马鲜生F2、盒马鲜生mini 等轻量化尝试的原因，因为轻量化渠道可以更好地贴近场景。所以，未来线下门店的小型化、无人化将以更便捷的方式切入更多场景之中，开在便利店、菜鸟驿站中的盒马鲜生很可能会出现在我们的视野中。

（2）线上App 开放度不足以及与外部场景融合不足

线下引流到线上，是盒马鲜生最顶层的设计逻辑，因此，App 下单支付是必不可少的环节。但这种模式天生就“重”，要求盒马鲜生App 作为一个流量入口，必须去和各大流量平台争抢流量。但是在流量无比珍稀的现在，在非阿里系的平台上，盒马鲜生能否凭借自身的流量能力在生鲜行业站稳脚跟，要打一个大大的问号。

不过，在2020 年新冠病毒疫情暴发初期，盒马鲜生的网上订单数量相较上年同期激增220%。当线下环境出现问题时，盒马鲜生的线上业务迅速形成支撑，凸显了模式的优势。

所以，现在我们再看马云当时“未来没有电商只有新零售”的说法，还可以从另一个角度去解读，即他的意思是未来不必再区分线下零售与线上电商，这两者将是共生关系，和而不同，共同构成了“新零售”。

这也解释了阿里CEO 张勇讲的，“新零售是数据驱动人、货、场的重构”的说法。强调通过数据驱动、流量赋能，融合线上线下多重渠道业态，在流量中心和数据中心的基础上，形成线上及线下业务中心。未来数据的拥有权和使用权的确是一个复杂的过程，阿里对业务数据的使用将存在较大的不确定性。

◎ 第二节　苏宁收购家乐福中国背后的逻辑

2019 年6 月，苏宁易购以48 亿元收购了家乐福中国80% 股份，这是继收购迪亚中国、万达百货之后，苏宁对线下优质零售资源的又一次进攻。

主营大型综合超市业务的家乐福中国于1995 年正式进入中国市场，曾经风光无限，覆盖22 个省份及50 多个城市，拥有约3000 万会员，开设有210 家大型综合超市。但步入2012 年后，家乐福的业绩和利润进入双下滑阶段，到2017 年、2018 年甚至出现资不抵债的情况。

究其原因，首先是线上业务对线下的冲击，线上购买日用品更便宜且能直送到家，吃掉了线下商超的大量业务。其次，家乐福卖场业务20 年没有革新，一直靠多年攒下的供应链能力吃老本，这与被阿里入股的大润发、和京东合作的沃尔玛相比，就会处于竞争劣势，市场份额一降再降也就在所难免。趁着“瘦死的骆驼比马大”的时候，将家乐福中国业务低价处理给苏宁，对法国家乐福总部而言是止损之举。

如此说来，苏宁是收购了一块不良资产吗？此言差矣。收购家乐福一举对苏宁的战略意义极其重大。

收购的战略价值

（1）家乐福提供强大的快消供应链能力

苏宁正着力打造全场景零售模式，收购家乐福中国正是看中其专业的快消品运营经验以及供应链能力。苏宁以电器起家，是中国家电渠道的龙头老大，家电的供应链能力和运营能力毋庸置疑，但是从家电转向全领域零售后，在快消品领域存在短板。例如，近两年大力发展的苏宁小店业务，和7-11、全家、罗森比起来毫无价格优势，这说明苏宁的快消供应链能力并不强。

零售渠道的供应链能力需要常年的积累，很难在短时间内迅速增强，特别是全国性质的渠道。倘若一定要快速增强，那么最快的方法就是收购、兼并。兼并的目标要有强大的供应链能力，最好还存在经营问题，家乐福中国恰好两项条件都符合，所以苏宁毫不犹豫地下手了。

（2）家乐福提供相当规模的线下流量

苏宁的本质属性是渠道，是渠道就会孜孜不倦地追求流量。虽然家乐福的流量已大不如前，但是500亿元的年销售额、300家门店的规模在商超行业仍属于第一梯队。并且，大型商超业态的流量相对稳定，不论经济形势好坏，人们居家过日子总需要柴米油盐酱醋茶，且生鲜食品网购难度很大，所以日常消耗品都在线上购买也不现实，人们还是要去线下实体超市，所以家乐福的线下流量规模非常可观且稳定。另外，家乐福作为进入中国20年的大型商超，积累了相当规模的忠诚用户，忠诚用户对线下商超业态、复购率、单价和拉新无疑会形成重要的支撑。

苏宁利用精细化运营和线上向线下倒流的模式赋能家乐福，使家乐福中国在2019年第四季度业务扭亏为盈，当然实现盈利也归因于家乐福自身就拥有不错的流量价值。

（3）苏宁实现“最后一公里”的重要一环

家乐福其实是苏宁零售战略布局的一枚重要棋子。

在“线下最后一公里”的争夺中，阿里入股大润发，将线上线下渠道打通，用户打开手机定位功能，可以在手淘“淘鲜达”频道看到大润发的入口，门店周围3千米范围内，最快可实现1小时到家的配送服务。

苏宁着重打造的小店业务本身也是为了解决社区最后一公里的难题，但是小店模式弊端明显，商品SKU[①]少，价格也偏高，库存数量也难以充足。从对比分析可以看出，对于O2O到家这种模式，卖场的先天竞争力要比便利店高很多，所以，苏宁想要主打“商超卖场+社区便利店”模式，有了家乐福的加盟，在抢滩大战中无疑是如虎添翼。

总的来说，苏宁希望通过收购家乐福，解决苏宁的快消供应链问题，并给苏宁带来流量，进一步扩大苏宁线下优势，构筑线上线下融合的超市消费场景。

但上述愿景的实现必须依托苏宁与家乐福业态融合，唯有这样，才能发挥家乐福的优势能力和最大价值。

苏宁与家乐福的融合难点

“融合”总是说起来容易，做起来难。对家乐福融入苏宁来说，更是一种难度非常大的“强整合”。

① SKU：Stock Keeping Unit，库存量单位。

（1）供应链资源融合

家乐福要彻底融入苏宁，首先需要融合双方的底层供应链资源，这样双方平台才可以实现跨供应链的商品资源共享，而这涉及组织、商品、系统等能力的统一。

双方本身都具备完整的快消供应链能力，关键是供应商管理、物流、仓储管理模式各不相同，这使得融合无从下手。家乐福和苏宁都有各自长期合作的供应商，二者与供应商合作的模式比如扣点、促销、账期也完全不同。举个例子，在合同到期后，家乐福仍可以向供应商发起采购，后续补合同，灵活程度很高，但苏宁的供应商体量庞大，管理相对严格，并不支持这种做法。像这样的情况还有很多，所以二者的融合、过渡需要经过细致的调研和分析，最终决定谁的业务逻辑更符合行业的发展就采纳谁的。

如果双方的供应商体系只是融合，那么物流体系几乎意味着“重构”。苏宁的中心仓除了向各门店调拨货物，还要负责苏宁易购平台面向消费者端的商品拣货和发货。但家乐福的中心仓只负责供应商运送过来的商品向家乐福卖场调拨，所以，两者的物流系统在功能上就有巨大差别。家乐福的中心仓无法满足苏宁的业务需求，这就需要从业务到系统的重构。

（2）门店管理融合

双方都是有30年以上门店管理经验的优秀线下零售实践者，各自沉淀了一套完整的管理逻辑。家乐福的门店管理更适合人工作业，短期内可以满足需求，但与数字化趋势并不匹配；苏宁的管理相对刻板，但是符合数据决策的发展思路。如果完全抛弃家乐福60年的门店管理经验，完全套用苏宁的逻辑，势必会对家乐福原有业务产生一定的冲击，形成“阵痛”。但是不变革，家乐福就会像被收购前一样，慢慢衰退走向死亡。所以，双方的管理模式在何种阶段变、怎么变，都是深度融合必然要面对的问题。

（3）系统融合

无论业务怎么变革，最终都要落在系统上。苏宁曾成功地经历两次大的系统变革，完成了传统企业向数字化企业的转型过渡。第一次在2006年，随着企业规模扩大，数据实时性难以保障，陈旧的系统难以满足管理需求，不能实现子公司和部门之间信息的共享，于是苏宁上线SAP R3①六大业务系统，9个月时间完成全国2.4万个终端的ERP系统建立，创下了全球零售业SAP系统实施规模最大、实施周期最短两项纪录。第二次是在2012年，苏宁线上业务迅速发展，但由于SAP扩展性不强，无法支持线上多变的业务玩法，并且当时顶配的小型机都难以支撑海量的交易，所以启动了架构的重塑和重建，2013年，苏宁率先提出中台概念，建设零售中台，这一理论比阿里早了3年。所以就系统而言，苏宁具备变革和整合的成功经验和能力。

但苏宁前两次的系统变革更多属于技术层面的问题，这次和家乐福的融合更多的是业务层面的问题。例如双方的商品编码规则各不相同，苏宁使用无意义码，这种方式扩展性良好，适合管理海量SKU的商品；家乐福使用的是有意义码，即看到编码就大致知道是哪个类别的商品，业务操作效率相对更高。从长远来看，苏宁的方法更优，却势必会对家乐福业务产生影响，因为商品数据是最底端的业务支撑数据，牵一发而动全身，改革会导致全流程的整体改造。

这还仅是融合过程中面临的一个很小的事项，站在系统整体角度考虑，包括供应链、门店、商品、财务结算、组织人事等一系列系统都要整合，难度可想而知。苏宁有大量的渠道融合经验，这次如果能再次成功融合家乐福

---

① SAP R3是一个基于客户（服务机构）和开放系统的、集成的企业资源计划系统。

系统，一定会成为渠道之间融合的最具代表性案例。

史无前例的大融合

苏宁与家乐福的融合绝不是几个月就可以完成的小工程，涉及从门店到供应链、从商品编码到财务账务的全方位融合，至少需要1年甚至更长的时间。盲目融合不仅会对家乐福业务造成巨大损伤，还会造成各种系统问题的出现，影响后续项目进度，所以融合方向和阶段规划尤为重要。

虽然困难重重，且行业内也没有类似的优秀融合案例，在对外宣布收购家乐福的3个月后，也就是2019年9月，苏宁开始正式接管家乐福。苏宁与家乐福成立了100余人的联合项目团队，包含双方最优秀的项目经理、产品经理、架构师、技术经理等。还将家乐福项目作为第一优先级，全集团开绿灯推进融合，并做了3个阶段融合的规划。

（1）第一阶段：销售融合

从系统和业务两方面考虑，第一步选择对销售体系进行融合是比较便于上手的决定。

在系统层面，销售体系包括页面、POS机、会员、客服，偏向前端系统，耦合程度低，改动量相对较小，不会像底层改动一样牵一发而动全身，便于快速上线支撑融合后业务的发展。

在业务层面，销售的融合可以迅速提升家乐福的业务能力，尽快提升销售业绩。首先，苏宁团队第一时间上线了家乐福小程序，在微信端开启了家乐福的流量窗口。同时，在苏宁易购App中加入家乐福入口，在苏宁易购领优惠券可以直接用于家乐福的门店和线上小程序，这是通过苏宁易购平台为家乐福引流，打通线上线下渠道。

其次，进行了营销、促销的融合。家乐福是传统的线下计划性营销模式，按照周、月、季度、节假日等节点规划促销活动，但互联网背景下，要求企业采取事件活动、客户喜好、多渠道互动等多样化方式开展营促销活动，广度和灵活度远大于传统线下零售模式。例如，通过苏宁金融易付宝付款，或者观看PPTV 视频，用户都会收到家乐福的优惠券。另外，618、818、双11 等互联网电商大促节日也蔓延到了线下，不仅在线上的易购平台能买到超值的商品，线下的家乐福同样也会推出爆款优惠。

（2）第二阶段：供应链融合

如果说销售融合是家乐福从0 到1 的过程，那么供应链的融合则是双方经过比对协商后择优录取的智慧结晶。苏宁希望汲取家乐福在快消供应链方面的优势能力，赋能苏宁原本的业态。

原先双方供应链模式各有所长，拿库存管理这项来说，家乐福是买断模式，每个门店独立管理自己的库存，相互之间缺失调度和配合；苏宁是全公司“一盘货”，线上线下、各个业态实行统一库存管理，铺货、调拨、补货能力灵活且成熟，面对未来更加复杂的商业形态，苏宁“一盘货”管理模式显然更具有竞争优势。而在采购供货模式上，苏宁则吸收了家乐福更具灵活性的直流和虚拟直流模式，这种不经过大仓或在大仓只做抽检，在门店确认收货信息的模式，十分适合大宗快消商品的采购，因为像可乐这种单位价值不高的商品在大仓进行清点和分拣确实不太必要。

所以在第二阶段，双方融合各自所长，面向未来的新零售发展，可以促成苏宁核心的供应链体系为各个业态赋能。

（3）第三阶段：管理融合

经过前两个阶段的融合，虽然实现了业务维度的统一，但由于双方管理考核指标不同，数据分析和考核结果就无法公正评判，所以第三阶段的核心是统一数据维度，实现管理融合，包括管理组织、地点、库位、商品编码等全部实现系统上的统一。

单单一个商品编码的融合就会对双方业务的全链路产生相当大的影响。前面也提到了家乐福为方便线下操作使用有意义码，如果切换成更具拓展性的无意义码就意味着要改变作业习惯。另外，苏宁团队为降低切换影响考虑通过电子价签实现线下有意义码的显示和识别，而最底层的架构变动一定会伤筋动骨，无论是方案的设计还是系统的切换，都是对团队业务理解、技术实力、协作能力的极大考验。

管理的融合将助力于数据维度的统一，如此，苏宁积累的丰富的互联网大数据能力可以直接赋能家乐福，实现更精准的营销推荐，为传统线下零售门店插上大数据的翅膀。

所以，在外行人看来苏宁是收购了一个不良资产，其实它是收获了一块培植新零售业态的沃土，是基于对全场景、全品类、全球化、全域物流网络的完善布局。

未来的零售一定趋向于更复杂的业态和场景，每个板块独立建设的烟囱时代早已过去，各取所长的中台赋能模式已经是零售行业一致认同的正确方向。苏宁收购家乐福正是一条新零售渠道扩张的探索之路，虽然是摸着石头过河，仍有很多待解决的问题，成果也需要验证，但却是中国零售行业的必经之路。

◎ 第三节　拼多多的后起神话

都说“长江后浪推前浪”，从易趣网开始，到后来的阿里、京东、苏宁、网易，再到如今的拼多多，电商行业的前浪和后浪一直汹涌不息地推动着中国的电商大潮。

互联网行业从来不缺新秀，但是像拼多多这样一路狂飙跻身TOP 榜前三的，还是极为罕见。2020 年第一季度的年度活跃买家数，拼多多已达6.28 亿，距离阿里的7.11 亿只差几千万的距离，而京东则以3.87 亿被远远甩在了后头。

从一鸣惊人到一骑绝尘，拼多多引发了全行业对其成功秘诀的探索。最为一致的认知是拼多多瞄准了阿里和京东忽视的四、五线市场，打了一场精彩的“农村包围城市”的低价战役。

拼购的逻辑

为什么拼多多的商品能做到比淘宝还便宜？想要搞明白这个问题，我们先要弄清平台商品的价格构成：

商品价格= 商品成本+ 渠道成本– 平台补贴

如果要对阿里和拼多多这两个平台进行价格的比较，就需要先做两个假设，假设一是拼多多与淘宝的供应商在商品成本上基本相同；假设二是拼多多与淘宝上相同的商品在品质上无差别。

因为拼多多与淘宝对于供应商都没有排他性的要求，两个平台内的商户之间是可以自由流动的，所以以上两个假设是基本成立的。

基于假设，当两个平台的商品成本相差无几，而在平台补贴这一项上，虽然拼多多的“百亿补贴”起步较早，但淘宝也不甘示弱，虽然在品类上稍有一些细分的不同，但本质差别不大。

所以，影响平台商品价格的关键变量，就在于渠道成本。而造成拼多多与阿里渠道成本不同的根本原因在于，拼多多的渠道方式和渠道效率是完全不同于淘宝的。

拼多多与阿里本质上都是以流量运营为手段、以流量贩卖为生的平台型商业主体，通过平台商业模式和技术方案，摊薄成本，形成生态闭环。阿里、腾讯、百度等互联网巨头，都是在上一波流量红利期顺势而生的超级流量平台。

但作为新人杀出的拼多多和阿里的淘宝最大的区别就在于，两者采用了不同的流量分发模式，且互不兼容。

天猫的流量分发模式像收费站，巨大的流量涌入平台，平台再向各个商户引流，但是要收取入驻费用和推荐位的广告费。

但是拼多多的拼购模式，则是依靠用户之间的强关系形成推荐来实现流量分发，将原为平台所有的流量费让渡给了推荐者，同时从理论上来说也无需向商户收取流量费用，所以供应商会愿意给出比其他平台更低的价格，这就是拼购最根本的商业逻辑。

拼多多这种模式获得了巨大的成功，显示出了在突破电商红利方面极大的优越性，那为什么阿里没有跟进拼购模式，而是将钱花在聚划算上？这是因为，天猫一旦采用拼多多这种模式，便会冲击平台现有的流量规则体系，引发整个商业模式的崩塌。

所谓商业模式无非就是解决关系和利益问题，虽然阿里在智能应用的创新上表现得非常激进并远超对手，但在事业模式上却表现得非常保守，始终围绕原有的中心化交易平台，采取先引流再分发再交付的商业模式，投入巨大的成本，不断巩固体系能力。

这种商业模式策略曾在相当长的一段时间里无人能敌，因为IT是一个高投入的行业，在形成一定的规模实现自生长之前，未见得会有相应产出。阿里在线上线下的数字化、智能化方面投入巨大，阿里云在云计算上的布局、达摩院对智能算法的布局更是超前数年，对行业中原有的对手来说，这些形成了阿里很宽的护城河。然而现在，阿里的防线被拼多多从另一个方向突破了。

拼多多偏偏是在商业模式上，通过构建与消费者及供应商之间的新关系形成突破，巧妙地避开了阿里的优势，对阿里进行了降维打击，直插其软肋。

有人疑惑，如果拼多多的成功仅仅来自更低价的“拼购”，那反应迅速立即跟进拼购业务的京东、苏宁为什么没有复制光环呢?

我们回到先前的价格公式，想要降低渠道成本，还有一种方式：提升渠道效率。

零售的本质就是提供商品与消费者之间的连接，不仅包括信息也包括履约等方面，连接的顺滑度、质量则反映了渠道的效率。在摸索提升渠道效率的路径上，拼多多创造了超越阿里、京东、苏宁等所有电商大佬现行方式的绝招，一举弯道超车。

电商平台推荐算法的瓶颈

现如今，以阿里为代表的电商平台的推荐算法日益精进，极大优化了用户的浏览体验，并直接关系到客单价和成单率的提升，逐渐从锦上添花的位置上升成各家的核心杀器。但并没有达到足够精准的程度，算法和数据仍存在着很多问题。

（1）算法数据噪声高

电商平台的商品数量巨大，都有着十万级到百万级，且其中80% 以上是长尾商品。这些长尾商品与用户的精准连接，是极偶然的事件，大量偶发的消费数据对正常商品的消费数据而言，并不具备代表性。

这些数据是作为商品数据和用户数据，被整体使用的，这对正常商品与用户关系数据构成了一定的噪声。

马云曾经也非常纳闷，称目前每天晚上大约有1700万人逛淘宝，但什么东西都不买，自己也不知道这些人在干吗，就是随便瞎逛。抛开“穷”这个答案，笔者想说的是，这正是因为长尾商品过多。

电商平台中大量的长尾商品会让用户失去焦点。因为用户的消费行为本身就具有复杂的因素，而平台无法聚焦的商品，让用户的复杂行为有了表现和释放的机会。

我们一定都浏览过大量平台推送的商品，虽然你明知道自己没有强烈的明确的购买需求，但总是会怀着一种“万一需要呢”的态度去“逛”。当然，这些浏览行为大多都是没有交易结果的，是无效的，但这些行为都会被平台记录，形成噪声数据。

有很多的用户消费行为都是非理性行为。如平台诱导，主页的主推荐位置以及其他显眼位置的商品，用户都会习惯性地点击观看；如自身爱好，喜欢玩单反的消费者一定会经常浏览一个个单反镜头，即便不会购买；如感性行为，消费者是因为商品图片中有喜欢的明星形象，从而进入详情页浏览；如偶然因素，误操作点击进入等。

上述这些非用户理性驱动的行为，都增加了数据规模的庞大和算法的复杂程度，导致平台对算法能力的要求不断增强。

（2）数据质量差

传统的电商平台收集用户行为数据的分析维度不够全面，主要集中在对用户的点击、收藏、加购、购买等消费行为和消费习惯方面的观察。

但这些用户行为数据，对于用户深层次购买动因的表达或解释能力非常有限，如果仅仅依靠这些数据分析商品与消费者的连接关系是远远不够的，堪称一叶障目。

比如，你只是因为好友搬新家，想要送她一口网红锅作为乔迁礼物，平台根据你这次的消费习惯，在接下来的这段时间疯狂推送厨具、家具等用品，这显然是误判了你的真实的需求，并错误地进行了商品关联。

同样的问题还体现在，电商平台近来一直在争相试水C2M（用户直连制造），却几乎没有成功的案例，原因就在于电商平台获取的用户交易和行为数据，远不足以支撑工业需求的产品设计和开发。

（3）可信度令人怀疑

传统电商平台中的商品和用户之间的连接关系受制于很多因素，价格因素尤为突出。当下传统零售最典型的特点是价格因素被放大了无数倍，渠道商大量的营销促销活动，会影响用户的消费行为，影响用户与商品的连接算法。

这一点从双11越来越复杂的优惠规则可以看出来，从最开始简单粗暴的5折，到现在花样百出的满减、返券、组合套餐、买二赠一，各种复杂的价格算法堪比大学数学。

对供应商而言，它们还要遵从渠道的各种广告、首页推荐的付费推广规则，不参与就很难获得用户流量。

看似是供应商基于渠道的规则制定自己的销售策略，而消费者根据供应商的策略执行自己的消费策略，实际上都是渠道出于自身利益在操纵用户和供应商。而这种利益操纵行为，将导致以下后果：

- 某些变量被弱化，如品牌影响、产品差异被渠道刻意弱化，因为如此方能体现出渠道的价值。

- 某些变量无法纳入考虑，如不同品牌的同一维度的内容，在电商平台的算法中缺少体现或不体现。
- 某些变量被利益扭曲，如某些页面的点击、搜索数据遭到供应商的刷量。

所以，传统零售的算法掺杂了大量的渠道利益因素，本质上不可能真实。传统渠道基于单方利益形成的推荐，用户满意度不会太高，因为与用户的需求很难有效匹配。

拼多多的流量撒手锏：人肉算法

不同于传统的电商平台，在建立商品与消费者的连接关系的环节，拼多多并没有依赖传统的大数据算法，而是使用了一种人肉算法。

助力拼多多起势的拼购，就是一种人肉算法，即一个人将其希望购买的商品推荐给另一个可能购买的人，这每一次的推荐背后都蕴藏着一套独特的、隐形的算法，由用户主动参与连接需求与商品，远比其他电商平台的大数据推荐算法有效。

（1）人肉算法形成的连接关系，可以找到适合的商品

因为推荐人本身是经历了信息收集的过程，方才找到认为适合的商品，等于也帮助推荐人找到适合的商品。

一位家庭主妇在拼多多上看到一套炊具，并且炊具在质量、价格等各方面都符合她的需求，那么这一步是由人找到商品的过程。

（2）人肉算法形成的连接关系，可以找到适合的人

找到合适的商品之后，拼多多会告诉用户，找人拼购价格会优惠很多，

这时用户就会打开微信，推荐给其他人。

但是，这个过程一定不是随机推荐的，因为需要考虑很多问题，被推荐人和自己熟不熟、她有没有下厨需求等。而如何找到这个合适的人选，就是下一步需要解决的。

（3）人肉算法形成的连接关系，具有同理心

用户在推荐品购链接时，大概率会找另一个具有与自己同等消费水平、关系相对密切的朋友。这实际上是一种说服策略，是用户考虑过和产品之间的关系后，再考虑朋友和这个商品之间也有相同的关系。

这其实也是最区别于机器算法的一点，因为机器算法是不具备同理心的，而同理心本就因人而异。

（4）人肉算法形成的连接关系，符合影响力原则

通过友好、相似、权威来影响被推荐者，是在建立商品与消费者之间的连接方面高效率的另一原因。推荐者有说服被推荐者的责任，因此推荐人不仅要考虑商品和被推荐人之间的关联性，还要考虑自己能够在多大程度上、使用何种方式说服对方。

这种人肉算法，显然要比阿里、京东、苏宁的推荐算法效率要高很多，自然拉低了“渠道成本”。

环顾拼多多人肉推荐的模式，我们可以发现，整个过程中最大的价值，其实是信息价值。即A用户将商品推荐给B用户，完成了商品的初步选择、商品信息介绍和初步决策。

无论是B用户本身就对该类商品有需求，例如A、B二者都是宝妈，都有购买尿不湿的需求，A发现更便宜、更优质的尿不湿推荐给B；或者是B因为A的推荐产生了需求刺激，从而产生需求。例如A、B是闺蜜，A推荐了一款

衣服，本来B 没有购买意向，但是两个人讨论到下个月要参加C 的婚礼，正好需要；或者是基于某种人情关系，例如A、B 是上下级关系，B 为了情面参与A 发起的拼购；等等。这都提示我们在构建商品与消费者关系时，不仅要考虑算法技术，还需考虑算法连接的形式，更需要构建拟人化的友好场景。

满足用户占便宜的心理

坊间都调侃拼多多的CEO 黄峥是做游戏出身的，深谙消费者爱贪小便宜的心理，将拼多多做成游戏，让人欲罢不能。

对于这一点，黄峥并不避讳，他在《财经专访》中坦然承认："拼多多的核心不是便宜，而是满足用户占便宜的心理。"

2019 年下半年，拼多多发起的一个席卷微信群和朋友圈的营销活动，"天天领现金，打款秒到账"。游戏规则是拼多多先给你一定数额的红包，但是需要其他用户帮你点击助力到100 元或200 元才能提现。

前几次用户的助力额都非常大，然后逐渐减少，到接近提现额的时候，一个老用户只能助力1 分钱。并且助力次数有额度，如果继续找老用户，那么任务就会面临失败。

接下来，拼多多这场营销活动的本质目的暴露了出来，它告诉你拉新用户可以助力大额红包。所以，为了凑到最后的几块钱，更多是出于一定要完成任务的强迫症，你可能会硬着头皮去联系平时不太密切的朋友，甚至还会去"筛选"可能没下载过拼多多的高端消费用户。

虽然这个活动的评价褒贬不一，但确实有大量用户真的收到了现金。虽然拼多多号称补贴了千亿元，但其实现在平台的单个拉新成本本来就接近200 元且收效甚微，而拼多多完成了至少4 亿用户的促活，并成功突破了向上级市场拓展的瓶颈。像拼多多这种将用户的心理玩得如此高明的，恐怕仅此一家。

将用户作为新的价值链角色，使之参与到价值创造过程中，将更多的价值要素纳入网络，也将用户之间的关系由竞争变为业务合作伙伴（客户），拼多多思路之大胆巧妙，令人拍案叫绝！

由此可见，拼多多的成功并非偶然，黄峥已经洞察到了以天猫模式为典型的流量平台的问题，并且有针对性地开展了创新业务，最后取得成功。

不过，拼多多的商业模式从本质上说和淘宝一样都是流量平台，如果想要更上一层楼，就不能只成为零售业的搅局者，要努力突破并实现场景与渠道的融合，成为零售业的变革者。从这个层面来看，拼多多还存在极大的上升空间。

◎ 第四节 天猫与考拉海购牵手：流量平台的扩张

2019 年年底，一场收购案像是一枚深水炸弹，在跨境电商行业激起千层浪——天猫国际收购网易考拉海购！

网易考拉海购可谓是丁磊的得意之作，2014 年跨境电商风口渐起的时候，不断寻找新增长点的丁磊非常看好这条赛道，推动内部试水跨境电商项目。2015 年1 月9 日，网易自营跨境电商平台“考拉海购”正式上线，之后凭借比代购还低的价格、网易的供应链能力及品牌背书，迅速发展壮大。

网易推出考拉、严选时，就是以电商颠覆者的形象出现的，主要针对的对象就是阿里，之后双方一直持续角力，到了2018 年网易考拉海购的市场份额为27.1%，位居国内第一，而天猫国际的市场份额为24.0%，位居第二。谁也没料到，结局是阿里以弱吃强，以20 亿美元全资收购了考拉海购。

收购的成因

阿里为什么要收购考拉海购？有人认为，这是阿里的一次防御性收购，为了防止考拉海购被纳入拼多多的阵营。但其实还有一点原因更重要，阿里已经深刻意识到自身海淘业务存在的先天性缺陷，而合并考拉海购可以帮助其补足短板。

（1）天猫国际自营能力羸弱

天猫国际于2014年2月正式宣布上线，是阿里的首个自营渠道。在此之前，国内消费者“海淘”的流程相当复杂，需要有基础的英语能力、持有外币信用卡，购买商品后必须通过转运公司寄回国内，且往往要等上30至45天。况且，由于海外代购依靠个人或小团体，不能保证正品质量，商品品类也不足。天猫国际的诞生大大降低了购买海外商品的操作难度。

但之后，天猫国际的发展并没有乘上东风，在整体的电商板块里成绩平平，甚至被后来者考拉海购超越。虽然依靠阿里的流量，天猫国际守住了市场第二的份额，但无论是自营渠道还是平台渠道能力，天猫都明显弱于考拉海购。

以化妆水为例，考拉海购自营的化妆水的SKU数是天猫国际的5倍，全平台化妆水SKU的数量差距也有2倍之多，甚至在天猫国际的商品列表中都没有提供“直营”搜索选项。为自营商品设置独立的筛选项是有一定规模的直营或自营能力的平台最基本的设置，京东、苏宁、考拉海购都有自营选项，而天猫国际却没有，可见其直营规模和能力都非常弱。

（2）阿里流量先发优势渐失

何以阿里这样的巨无霸却解决不了直营能力短板的问题？这是因为其流

量平台的属性所决定的。阿里是一个以流量运营为手段、以流量贩卖为生的零售流量平台，一直以来都没有做渠道的基因。更何况，随着电商领域的竞争越来越激烈，阿里的流量先发优势也遭到了蚕食。

流量本身是一种资源，会日渐稀缺，越早认识到它的价值并着手聚积，就越容易形成先发优势，形成规模。阿里就是在早期别人还没有意识到流量价值的时候就占据了这些资源。

此后，由于阿里将买家和卖家集中在一个平台上，商家越多，提供的品类就越多，就越能吸引更多的消费者，更多的消费者又反向吸引了更多的商家。而商家为了争取消费者就与其他商家竞争，采取了如降价、提升消费体验等一系列措施，这使得消费者受益，获得了真正的实惠和良好的消费体验，又会带来更多的新用户。消费者、商家、平台三方协作带来的效率，形成规模，带来正向反馈，所以淘宝的规模越做越大。

但是现在，我们认为传统流量平台的时代已经过去了，因为在市场规模不再快速增长的情况下，市场份额格局已定，新入场者难以获得足够的生存空间。包括阿里本身，也越来越难以吸取新的流量。与此同时阿里又受到来自拼多多这种新型平台模式的威胁和挑战，势必需要寻求新的增长点，扩大领先优势。

（3）与考拉海购的互补

平台想要扩大优势，一般会从两个方向考虑，分别是做强渠道能力和做大平台规模。前一个方向，阿里已经通过与苏宁合作来实现，引入苏宁这种优秀的渠道丰富自己平台上的电器品类。后一个方向的典型方式就是通过兼并收购，于是阿里将目光锁定了网易考拉海购，考拉海购良好的自营供应链模式，可以与阿里的供应链、金融、物流、技术等方面达成战略协同效应，形成新的流量增长引擎。

对网易而言，考拉海购的增长已显露疲态，电商收入增速由2018年第三季度的67.2%降至2019年第二季度的20%，毛利率一度破了4.5%的低点。况且，自营跨境电商的成本远高于国内自营电商的成本，为了提升考拉海购的渠道供应链能力，以及规避假货问题，网易在跨境仓储建设方面一直耗费巨资，导致考拉海购在被收购之前一年的亏损超过20亿元。现在既然老对手愿意接盘，网易当然乐意脱手。

收购考拉海购以后，阿里也同样面临着网易曾经承受的高投入、高亏损压力，并且，阿里做自营跨境电商的成本并不比考拉海购有优势，否则其国际频道自营业务也不至于如此惨淡。毫不客气地说，依靠天猫海外自营体系的能力是无法继承和发展考拉海购原有的自营业务的。所以，如何让考拉海购迅速融入阿里生态，并扬长避短发挥功效，是一个很大的挑战。

收购后的融合

阿里对网易考拉海购的收购，是流量平台对渠道的收购，考拉海购的优势在于海外供应链渠道，而阿里的优势在于流量运营。在很大程度上，双方的资源和能力是互补而不是竞争的关系。如果在进行资源整合时，整合的边界控制得当，即可实现双方效益的提升。收购后，阿里对考拉海购的改造与整合，我们认为可以考虑三个发展路径。

（1）阿里向考拉引流

从现实的角度出发，考拉海购作为一个特殊的天猫国际的商户入驻，提供供应链能力，天猫国际则在流量上给予倾斜，考拉海购自有平台和天猫国际平台双平台运营。这种类似于苏宁和天猫合作的模式即打造苏宁天猫旗舰店，是能快速落地的方案。

但是这种模式会产生一个致命的问题，即阿里面临着之后的流量到底是导向天猫国际直营还是考拉海购自营的纠结，二者其实会产生竞争关系。所以需要进行下一步的整合。

（2）供应链资源整合

完成收购后，阿里急需将考拉海购供应链资源与天猫国际自营供应链资源进行整合，比如海外仓、采购渠道等。但是阿里需要在先期评估天猫国际现有直营业务的状况以及未来的发展计划，因为整合两个平台意味着在很多方面需要二选一，虽然天猫国际是阿里系的核心，但考拉海购自身也有着相当大的流量和更好的基础，所以选择以哪个平台作为未来的发展主体，需要进行慎重的平台定位选择和远期战略制定。

而且两个不同系统的整合复杂程度非常高，特别是平台级的合并涉及大量业务和技术细节。比方说考拉海购的商品管理系统可能更符合跨境商品的管理，但是阿里生态已经形成一套庞大的商品管理体系，不可能让整个体系都向考拉海购的方向去改。此时是不是只能舍小取大，废除考拉海购的商品管理系统？再比如双方在海外都有建仓，那么二者的仓储系统不兼容怎么办？

所以想要将考拉海购从网易的母体中彻底摘除，从业务产品、技术底层，到人事系统完成与阿里体系的接入，是很复杂的逻辑。不过一旦完成，我们知道考拉海购在海外的渠道资源和溢价能力要高于天猫国际自营，所以未来很可能天猫国际直营卖的就是考拉海购的商品。

（3）双品牌协同

也许正是基于上述两个路径存在难以攻克的屏障，现阶段天猫采取了一种中规中矩的方式来整合考拉海购。2019 年12 月，阿里宣布旗下的进口业务正式升级为“双品牌”战略，即天猫国际和考拉海购实行双品牌协同。这意味着同一个品牌既可以入驻考拉海购又可以入驻天猫国际，在两个流量平台做生意。用户可以在两个平台购物，但后面运营的人和渠道很可能是同一拨。

阿里还宣布开启“千万‘星’计划”，向国际商家开放入驻，未来计划新引入10000个商家和1000万件商品。对考拉海购来说，这意味着它将由自营跨境电商向跨境电商平台转型，这不愧是阿里这个流量平台顶级玩家的作风。

融合的隐患

不过，归属阿里阵营后，考拉海购既会得益于阿里的资源，同时也可能被受限。

（1）品控和服务质量下降

因为一旦考拉海购由渠道商变成了平台，各供应商投入产出的效率一定是低于渠道投入产出的效率的，而供应商的低效可能导致成本和风险增加，最终会体现在商品价格上涨以及针对用户的服务质量下降。

所以阿里收购考拉海购后，考拉海购的商品品质控制和服务质量较之前一定会有所下降。一个直观的感受是，原先考拉海购自营的物流一般会使用京东物流，物流时效性和服务质量一直很优秀，但是从2020年2月开始，考拉海购自营的物流改为了EMS，很多老用户都认为物流服务大不如前。

（2）考拉海购流量不足

对考拉海购来说，还有个问题即将摆在眼前，并可能会导致其由盛转衰，那就是流量不足。此处所指的流量已经不是考拉海购作为一个自营跨境电商渠道的流量需求了，而是作为一个流量平台的流量需求。

随着“千万‘星’计划”的推进，当完成了招商、扩品，商户对考拉海购平台流量的需求将大增，但从阿里现有的计划中，我们并未发现任何有关提升平台流量的举措。如果持续保持天猫国际和考拉海购的双品牌运营模式，考拉海购就无法利用天猫国际的流量，而其本身流量拓展的权限又受限，犹如雄鹰被缚，短期内肯定流量渐弱。

（3）会员融合问题

理论而言，天猫国际会员和考拉海购会员在收购完成后应该会打通，但这牵扯到阿里的会员和网易的会员是否会打通。网易与阿里各自拥有完整的统一会员体系，基于会员一账通，考拉海购会员大概率也是网易音乐、网易邮箱、网易游戏的会员，各种平台的权益互通，阿里单独收购了其中一个平台，无法保障会员原先享受的其他权益。所以，打通会员要远比供应链融合困难得多。

马云曾经在一个论坛上说过：阿里要做的是培养更多的京东。很多人以为他是在故意调侃、暗踩京东，因为阿里和京东本身都是电商平台，又是商场角逐的对手，谈何一个培养另一个？

现在我们看来，马云看似“大放厥词”，实则透露了一个未来零售的创新机会点，那就是流量平台在面对流量见顶的背景下，可以通过平台的扩张取得新的利润增长点。

不过，平台之间的扩张要坚持三个原则：

一是不要轻易触及自身能力范围之外的业务；

二是保持各自业务能力完整性的基础上，进行跨业务领域的整合；

三是整合过程中强调业务之间的衔接，以提高资源使用的效率。

第二章

价值链整合

本章我们将从价值链整合的视角来讨论一些零售现象及出现的原因。小米线下渠道远超其他零售渠道的高坪效，玉子屋在外卖行业的特立独行，还有当下视频带货的火爆，这些现象背后共同的原因在于，它们在价值链中对消费者洞察这一环节投入了超出同行几倍的资源，并以消费者导向出发，逐步向后整合资源，最终形成了完整的具有价值协同和信息协同的生态，表现在市场中就是持续推出爆品的能力。

◎ 第一节　小米高坪效、多爆款背后的秘密

在一本写新零售的书里讲一家科技公司，是一件很奇妙的事情，不过对小米自身而言，恐怕现在都分不清自己是“技术”含量更重，还是“零售”属性更重，甚至掌舵人雷军近两年来提及更多的也是无印良品、Costco 等零售业态。

消费者说了算，越来越多的人喜欢在茶余饭后去小米门店看看，在他们的印象里，小米已不仅仅和手机挂钩，取而代之的是“好逛的一家门店”。

小米门店的业绩奇迹

我们先来看一组数字：

- 小米门店的平均坪效是20 万元每坪，是线下门店平均坪效的20 倍，是最好的3C 家电类渠道商百思买（坪效6 万元每坪）的3 倍；
- 购物者平均停留时间20 分钟；
- 小米每个订单平均购买商品2.75 件；
- 平均客单价800 元 。

以用户平均购买2.5 件商品测算，如果用户的购买率是50%，则用户至少浏览5 件商品。这些商品是手机、电视、平衡车、电子配件等高价值的复杂商品，居然能让用户在20 分钟内完成浏览、选择、购买，平摊到每件商品上思

考的时间仅4 分钟左右，小米用户的购物决策速度实在快得令人无法想象，甚至和我们购买饮料、日用品等快消品的时间差不多，而平均客单价却达到800元。这样的成绩告诉我们：喔！小米真是一家成功的商店。

很多人都以为小米的成功源于“科技感”。现在大家都热衷于在新零售语境下提传统门店的智能化改造，很多人走入了唯技术论的误区，以为将各种智能设备、互动设备应用到传统门店就是智慧门店了。动辄耗费几十万元，安装智能摄像头、互动屏、智能货架、刷脸支付、仓储机器人，但几乎都是“玩具”，销售并无多大起色，门店坪效也没有带来巨幅提升。

可我们看到小米门店除了一个全场摄像头（不具有会员人脸识别能力，主要用于客流统计）和几部移动POS 机，几乎没有其他智能设备，整体门店智能化程度并不高。可见对小米门店而言，智能设备和技术的应用与坪效并没有太多的直接关联。

小米其实是一家“非正常门店”，门店只是小米生态价值链中的一环，它有其特殊的作用和价值分配逻辑。如果不理解这一点，盲目模仿小米门店的经营模式，就是在给自己挖坑。

雷军曾经一句话透露了小米门店经营的诀窍，“让用户闭着眼睛买”。他认为，闭着眼睛买东西的境界要求是，你不需要花心思考虑它的设计、考虑它的质量、考虑它的价钱，如果这个东西你需要，直接买就好。

小米门店像一个仓库，用户并不是去购买商品的，而是去付款、提货的。因为如果是正常的购物流程，不可避免地要经历挑选、比较、咨询导购等流程，那么时间不可能做到10 分钟这么短。事实上，小米用户经历的商品选择和决策过程，发生在购物之前，甚至是在进店前早就已经结束了。

这意味着小米商品的信息流是在店外完成的，消费者不需要在店内获取产品信息流。往更深层追溯，消费者的需求已经通过小米传达给了小米的制造生态企业，产品本身就符合用户认知、满足需求，自然毋需再在门店获取信息。

从渠道的产生和发展历程来看，渠道的本质是通过提供商品流、资金流、信息流服务，形成和促进消费者与制造商之间的连接。也就是零售行业中常常提到的“三流合一”，从提升效率的角度创造自身价值。

商品流服务

商品流服务是指制造商将商品集中送入渠道的仓库，之后商品送达用户的任务就由渠道商或使用外包物流服务来完成。渠道商在商品流中的规模效应，比制造商自建仓储、自营物流更具效率。典型的代表就是京东，虽然自建仓储物流早期给京东带来了极大的资本压力和管理负担，但一旦形成规模，服务优势、配送优势就成了其他零售企业短期内难以逾越的壁垒。类似网易严选、格力等都是将自己的产品放在京东仓库，消费者下单后直接由京东仓发货配送，实现半日达和次日达，极大提升了消费体验。

资金流服务

资金流控制意味着可以通过集中采购，锁定制造商的生产能力，拉平制造企业生产的周期性波动。比如像空调这类有明显的销售淡旺季现象的商品，苏宁就采用了淡季打款、企业旺季发货的策略，实现了双方的共赢。

信息流服务

渠道商在商品销售过程中掌握了消费者需求，且这种需求被渠道有效地传递给制造商，通过商业与制造产业的信息协同，将大大提高制造业效率。在商品流和资金流日益完善的当代零售业，消费者与制造商之间的信息流越高效，竞争优势越明显。

如果信息流高效准确，未来就可以保证基于消费者的个性化按需制造，这时销售将不再是问题。只有当需求不明确的时候，销售才会成为渠道困扰的难题。现在电商常用的以模糊匹配或概率匹配的方式完成供需匹配，以及各种营促销工具和说服策略，都是解决供需无法精准匹配问题的代偿方式。

可见渠道或零售商所要做的事情不仅仅是选品、上架、定价、促销、销售、交付，然后赚取进销货差价这么简单，而要从选品到交付的每一个环节都关注信息流的价值。

20年前淘宝将信息流从线下搬到线上，由此成就了阿里的万亿基业，现在小米也针对信息流做出了变革，让信息流在场外完成，创造了远超传统零售门店坪效的成绩。

生产端信息流：消费者需求的有效表达和传递

新零售时代是以消费者为导向的，谁能够掌握消费者需求，谁就可以主导用户消费的整个过程。掌握消费者需求要从两个层面入手：一是对于用户需求的有效表达，二是对用户需求的精准传达。

首先是用户需求的有效表达。用户很多时候并不能有效地表达自己的需求，尤其是在需求较为宽泛的时候，这种情况下就需要有人或者机构做两件事情：其一，将用户对需求的描述具体化，即将需求的时间、地点、人物、任务及期望的结果清晰描述。其二，通过一个初级的产品来使用户的需求更加可视化，并能被更多人评估和测量。

上述两种方式可以使用户潜在需求与产品功能实现匹配，小米正是据此获得了用户的有效表达。

在第一代手机发布之前，小米就建立了MIUI论坛，论坛聚集了很多IT极客，大家都对手机操作系统很感兴趣。当时的MIUI只是一个demo（样本），给用户免费使用刷机包。小米搭建了几十人的研发团队，每周一个版本不间断地开发，连续几年在不盈利的情况持续投入。这么做目的只有一个，那就是获得消费者对于手机操作系统的需求。这么一项长期的、系统的、高投入的工程，却像是给用户提供了一个免费玩具，还提供了陪玩服务，不得不说是个很疯狂的战略。

恰恰是在这个频繁的互动过程中，小米去观察、倾听、收集用户需求，并将部分用户的需求具象化提炼出来，在产品研发、快速迭代时实现了消费者导向，使功能更贴近用户需求，从而变相降低了成本。更因为早期积淀了用户基础，所以在后来手机发布上市的营销推广活动中节省了资金。

当用户的需求被理解，实现了有效表达后，下一阶段需要解决将信息精准回传的问题。

小米拥有制造业和互联网双重基因，继初代手机产品之后，联合厂商陆续拓展产品品类，从一个单一的手机厂商，进化为品牌商、渠道商、投资者和生态的构建者，形成了一个以小米手机用户为核心用户群的生态系统。

小米作为流量入口，经营着小米商城和小米社区，获得了大量来自用户的直接反馈。小米生态内的制造企业则依托与小米紧密的合作关系，无障碍地获取小米从用户那接收的需求信息，据说华米手表的复仇者联盟系列限量版就是来自小米社区的需求。

依靠生态带来的整合协同效率提升，小米不断地创造符合用户需求、高性价比的商品，这才是其线下门店高坪效的原因。

C端信息流：场景与渠道的融合

上一个阶段我们提到，当用户的需求被理解并有效表达后，自然能够降低消费者对商品的认知负担，提升购买效率，但这一步是在消费者还没进入小米之家门店前就已经完成了的，不由让人好奇这个信息流的场外传递是如何形成的。

我们认为关键点在于，小米的模式是很典型的场景与渠道的融合。

米家App 是小米移动端最重要的场景应用，它提供了针对家庭物联网设备的需求场景。在米家应用中可以和所有小米的端侧设备连接，如小爱音箱、小米手机、电饭煲、饮水机、扫地机器人等，并能通过应用对这些智能化设备进行设置和控制。

在米家App 的独立一级入口，嵌入了“有品商城”，为小米生态企业提供商品销售渠道，小米生态中的所有商品都可以在有品商城中下单购买。用户无需单独安装有品App，且米家账号可以直接登录有品商城。这样有两点好处：首先，用户体验较好，不需要两套App，且无需切换账号；其次，作为场景应用的米家和作为渠道的有品商城在模式上并不冲突，米家作为应用可以直接为商城导流。

目前来看，米家App 与有品商城的联动效果十分出色。米家应用提供了与设备管理、使用相关的服务，包括设备接入及管理、设备远程启停操作、设备使用状态查询、设备固件升级、设备耗材使用状态，并可直接在设备状态中，跳转到有品商城耗材购买入口。

此外，米家App 中的“使用分享”和“精选商品”栏目都有直达有品商品销售页面的商品卡片，如此，形成米家—分享—商城联动营销策略。

用户因为买了小米的一件产品而下载米家应用，在进行应用设置和操控电子产品后，顺带浏览了“智能”模块，这里面有大量产品介绍和解决方案及用户使用心得，用户会因为产品之间的智能联动方式形成“配套”购买的冲动。而用户在文章中可以直接跳转到有品商城的四级页进行下单购买，无需切换账号和应用。实现从引流，到需求激发，到决策购买的一气呵成，用户体验极佳。

所以实际上，消费者在进入门店前，通过米家App、口碑测评等，已经形成了对产品的认知，激发了需求，那么到店后自然可以快速完成商品认知和购物。

可以说，凭借信息流的统一，小米树立了以消费者需求为核心的经营方向，据此在家电、3C的零售市场上攻下自己的一片天地，在此之后又通过大生态建设形成护城河。

小米大生态：形成网络效应的护城河

无论是实现生产端信息流的协调，还是实现消费端信息流的融合，都离不开小米生态链所塑造的生态环境。现如今，小米投资的生态链企业已超过百家，生态链企业的营收已超过200亿元。在空气净化器、手环、净水器、扫地机器人等多个行业居于行业前列，小米生态链企业在业内的影响力也逐渐扩大。

比如石头科技，即便是受到疫情带来的沉重压力，仍于2020年2月21日成功登陆科创板，这也是继华米科技和云米科技之后，第三家小米生态链的上市公司。其主营业务为智能清洁机器人等智能硬件的设计、研发、生产和销售，主要产品有小米定制品牌“米家智能扫地机器人”“米家手持无线吸尘器”，还包括自有品牌“石头智能扫地机器人”和“小瓦智能扫地机器人”。

华米科技则凭借物美价廉的小米手环而闻名，小米可穿戴设备的销量一度超过苹果，位列世界第一。

还有刚开始做小米净水器的云米科技，后来开启了全屋互联的版图布局，陆续开发了风扇、饮水机、智能门锁、智能开关等一系列产品。

石头、华米和云米作为小米的生态链企业，刚开始业绩的增速离不开小米集团的“加持”辅助。比如2016年、2017年和2018年上半年，云米科技来自小米的收入分别为2.998亿元、7.395亿元和6.515亿元，占总营业收入的95.9%、84.7%和62.6%。

但我们也可以看到，这些生态链企业的自身主营业务中，小米的占比在逐渐降低，可以看出在小米的生态中，企业不仅仅是“代工厂”，而是陆续展露了自身的发展价值，这也体现了小米生态链模式及IoT（物联网）平台生态的良性。

小米产业的纵向整合能力非常强，这点与苹果很像。小米能够从价值链的维度和视角来规划其业务布局，找到新的价值链要素，提高其专业性使其价值发挥到最大，再通过要素之间的协同来提高整个价值链的效率和价值。

之所以搭建大生态模式，是因为小米提前认清了“手机+IoT+互联网线上服务+生活服务（小米本地生活）”产品和服务组合，是一个万亿级别的市场。

小米本身掌握了多元化的流量入口，如亚系统层级的MIUI、应用层级的小米本地生活等，其中MIUI月活用户超过2.9亿，这些用户是小米多年会员运营的重要积累，都是认同小米产品和理念的忠实粉丝。

占领了用户心智，需要凭借卓越体验来实现留存，而用户体验闭环一旦形成就很难改变，特别是对于手机、智能穿戴和IoT设备。小米深知这一点，故以小米手机作为智能设备的主要流量入口，为小米的IoT业务导入流量，同时也作为智能设备的计算能力平台，支撑了以智能电视、智能音箱为主的输入输出设备及家庭计算中心。

而智能电视、智能音箱这两个产品又统一为其他智能设备，如可穿戴设备、智能家电（冰箱、洗衣机、空调）、智能数字产品（电动窗帘、扫地机、指纹锁），提供了计算及多元化管理终端和应用。

这套产品体系形成了一套完整的用户体验闭环，米家作为智能家居的控制端核心，控制着智能化运营和产品之间的联动，使我们的生活逐步算法化、智能化。例如可以直接在米家中设置空调的开关和调温，还可以控制电饭煲煮饭，控制机器人清扫地板。

但是，米家只支持小米生态体系中的产品，所以小米隐形“绑架”了用户，形成一道宽阔的护城河，使得其他电器公司，要么选择融入生态，要么只能对抗整个小米生态。

最后做个总结，小米门店高坪效、多爆款的背后，其实缘于小米走的是一条“需求—场景—渠道—制造”的纵向整合之路，所以才能一路高歌猛进。

◎ 第二节　直播带货的下半场

这两年科技变革对零售业的影响愈发深远，比如科技进步带动着新一轮的流量变革，随着短视频、直播等新内容流量的快速爆发，电商作为流量变现的最佳途径，又开始被大规模应用。

淘宝、抖音、快手等平台都开通了自己的直播“带货”平台，完美日记、花西子等美妆国货也把握新流量红利加速崛起，积极以完整的商业闭环对流量进行收割。由此也诞生了很多单日直播卖货金额破亿级的带货达人，比如薇娅和李佳琦。

比较令人吃惊的是罗永浩，他也在2020年4月1日在抖音开启直播带货首秀。直播3小时，虽然被很多人吐槽表现木讷、口误频出、节奏磨叽，但是不妨碍他卖出1.9亿元的货，有4800万人围观，光打赏收入就达360万元。从网红带货走向全民带货已经势不可挡。

直播带货与传统电商模式的区别

直播带货与传统电商模式最大的区别在于，直播带货通过场景的构建实现信息传播的高效。

直播最重要的一件事，就是营造场景。场景起到了需求筛选和识别的作用，具有类似需求的用户会因为相似性和自组织性，陆续聚集到特定的场景中，并且在与主播的互动和自发讨论中，又继续激发了一些潜在需求。很多用户一进入直播间，本来只想买一支眉笔，结果又陆续买了其他产品，正是因为潜在需求被激发。

直播本质上提供的是一种商品信息服务，因为场景狭窄而有深度的特点，使得信息更加聚焦。主播通过讲述商品背后的故事，进行商品的多维度比较，描述试用体验等。这些深层次的信息，给用户提供了丰富的消费决策信息，帮助用户更好地完成商品的选择。

主播是直播场景中最重要的要素之一，在与用户的信息沟通中除了使用客观数据、主观体验，还充分利用了友好、熟悉、权威等影响力原则，所以同时发挥了理性决策、感性熏陶的作用，实现了良好的沟通效果。

直播带货的两种类型

很多人并不知道，我们经常提到的李佳琦和罗永浩，二者虽然同样是在直播带货，但因为属于不同的平台，其实是两种不同的类型。

（1）电商平台的直播带货

电商平台通过直播的方式来卖货，其目的非常明确，就是在直播期间实现某些商品的销售目标。创造价值的底层逻辑是，直播带货改变了传统流量平台流量收益的模式。

以前流量平台直接将流量卖给渠道，现在流量平台是先将流量贩卖给场景要素（直播），再由场景要素贩卖给渠道。由于场景要素（直播）可以实现较高的商品销售转化率，所以渠道商从直播间接购买流量的收益要比直接从平台购买的收益更高。如此，实现了电商流量平台、场景要素（直播）、渠道三方共赢。

全民皆知的李佳琦和薇娅，都是淘宝电商平台直播带货的顶级网红。淘宝直播属于淘宝内容板块，因为淘宝内容板块与交易板块在生态内的连接天然是打通的，所以淘宝直播业务在交易系统和供应链资源上都会得到后端强有力的支撑与保障。

但这样也意味着，直播的流量一定受限于淘宝平台的供应链和运营资源。不论带货达人本身拥有多少粉丝，所有集聚的流量都是淘宝的流量，由此产生的销售也都是淘宝平台的销量，所以直播会带来更大规模的聚集流量，并扩大中心化的商品交易平台规模，这些变化带来的结果都是强化了淘宝作为中心化电商流量平台的地位。

我们认为新零售的一个核心特征就是电商由中心化流量平台转变成非中心化流量平台，所以电商流量平台的直播举措，虽然短期来看会带来可观的流量和增长的销量，但从中长期来看，中心化电商平台的直播业务与新零售商业模式的要求背道而驰。

（2）非电商平台的直播带货

非电商平台多为内容平台，直播的方式是以内容和场景为基础，来影响用户的消费决策过程，进而影响用户的消费行为。再通过零售渠道完成销售，最终通过销售分成的方式实现平台的流量变现。罗永浩在抖音上直播带货就属于此种类型，这是场景角色与特定销售渠道结合的产物。

虽然内容平台和电商流量平台两种模式的直播带货，共同的底层逻辑都是通过提供丰富的商品信息，缩小用户的视野和商品选择的范围，来减少用户的认知负担，提高用户决策的效率。但内容平台在提供信息服务的能力上更胜一筹，因为其作为一种场景角色，具有如下特点。

为用户构建最自然、舒适的体验环境

内容本身不以销售为目的，不直接以强推销形式体现，所以会让用户感觉更加友好、放松，没有压力。

例如，很多人爱看吃播，看得食指大动。饮食的消费欲望，直接带来的用户的购买欲，会产生购买成品、购买食材、购买原料、购买烹饪工具等这样一系列的消费需求。

上述场景中对消费需求的引导，全程都非常自然，只是通过刺激对美食的热情，间接激发并识别了用户潜在的消费需求，最终让你在不知不觉中，心甘情愿地买单。

聚焦在特定领域

内容平台通常是专注、聚焦于某个特定领域。例如抖音，“记录美好生活”，针对全民在衣、食、住、行等特定领域，鼓励用户发布相关主题的短视频作品。

五花八门的应用市场，根据不同的专业信息，不断分化出了像餐饮、旅游、运动健身等内容平台，对这些行业的销售而言，这几个内容平台就是一个很好的场景。

具备自组织的特点

同一场景中的人都是因为类似或相同的原因才进入，正如使用同一款应

用的用户对产品功能、交互体验具有相似的偏好，忠于同一品牌的用户，他们对其设计理念、品牌文化、产品生态也可能有着一致的认同，总之他们有着相似的需求特征。

将一个商品融入需求场景后，用户除了会对商品本身产生兴趣，也会对该场景产生情感认同。因此场景天然具备了筛选、连接的功能，会把具有相似个性、价值观、需求的人聚合在一起。

提供人性化服务

人性化服务是指由“人”提供理性与感性的分析、建议和服务。比如一些App具备在线交流问答的功能，消费者的问题有机会通过其他用户的回复、共享得到解决。

非电商平台的直播带货，因为先有需求，后才有销售，等于构建出一个相对具体的场景，激发用户需求，帮助用户完成信息搜集、商品分析框架搭建等流程，继而辅助用户做出消费决策，正体现了人性化服务的功能。

直播带货存在的问题和机会

基于上述特质，直播带货看似具备了“人货场”元素，重构了商品交易模式，也确实带来了天价的流量，成为近两年最大的风口；然而，通过这段时间对直播带货平台的深入观察，我们发现繁荣的景象下暗藏着危机。尽管直播带货与传统电商模式相比具有极强的优势，却也存在很多待解决的问题。

（1）光鲜背后，危机重重

往往聚焦单品，缺乏多元性

直播的最终目的就是获得高销售额，但一场直播时间有限，用户的注意力也是有限的，为了促使用户快速成交，直播的商家一定会采取“爆品策略”，即聚焦到少数爆款商品，特别是依靠快消品提量。因为快消品是利润型产品，具有利润型产品的特质。例如李佳琦早期直播间带的货基本都是口红，靠单一品类表现出他的专业性。

但是相对垂直细分的带货，无法做到品类多元化，只能将流量限定在某个领域的潜在用户群体内，无法吸引对此兴趣不大的用户，导致成交总额很难做大。而且一场直播业绩的好坏，很大程度上依赖于选品是否成功。

主播容易降低专业度

很多人以为直播卖货是一件极其轻量化的事，仅需主播选择一个黄金时段打开手机就可以直接开播。但其实一个合格的主播往往既要成为产品专家，又要成为营销专家，还要有颜值，豁得出去。一场直播面对多重任务，因主播精力和能力有限，很可能会在商品的选品、熟悉度上降低要求，这也是李佳琦和薇娅频频被吐槽“翻车”的根本原因。

如果这些大量的前期功课不自己做，就需要花费高额的人力成本雇佣专业的人去做，如专业的谈判团队、评测团队、质检团队，这些将会导致商业模式由轻变重，长此以往主播自身的专业度也会持续降低。

信息缺乏制衡

主播是意见领袖，但他们的观点并不一定权威，直播期间往往只有一个声音，受众也很容易受到现场氛围的影响，而对信息缺乏独立判断，所以在目前的直播行业中，缺乏能够有效制衡意见领袖信息和观点的机制是最危险的。其导致的一个必然结果就是，因为主播提供的信息不完整或评估标准不客观，而对用户的消费选择造成误导。

供应链冲击

直播带货对供应链的冲击非常大，因为带货额的不稳定性，使得供应商或渠道很难把控备货量，如果少了就不够卖，多了则占库存。之所以有如此大的不确定性，是因为名人直播更像一个“事件”，缺少标准的零售增长曲线作为测评依据。

系统高并发

非电商平台直播所依赖的电商系统的稳定性，对于高并发的系统请求经常会出现问题。比如罗永浩在2020年6月12日的首个半价产品开售过程中，原本应当半价的iPad Air3“改价失败”，导致很多人按产品原价下单。

（2）前路漫漫，求索不息

综上我们可以看到，直播带货并不像想象中的在屏幕前“吹吹牛”那么简单。对直播从业者而言，屏幕前无比光鲜亮丽，而在屏幕后却长期受到来自零售系统和供应链问题的困扰。不过，视频生意玩得最顺溜的字节跳动，正在加大马力抢夺线上消费市场，为同行提供了新的思路。

字节跳动的模式创新

2020年6月，字节跳动正式成立了一个电商部门，目标是提升利润率和用户体验，所以未来字节旗下的内容平台的电商业务将面临较大的调整。

从业务模式上应该会采用更为激进的经销模式以获取更大的利润空间；在用户体验优化上，采用无跳转模式，保证用户能够在一个应用中完成从商品的选择到交易和交付的全过程。

字节跳动未来可能不再采用第三方商品广告链接的方式，而是采用自有的抖音小店，在抖音应用内完成交易。关于抖音小店的实现方式，我们认为可以采用三种模式：第一种是自有供应链+自建电商平台，即小红书式纯自营模式；第二种是使用第三方供应链+自建电商平台，即爱奇艺模式；最后一种是使用第三方供应链+第三方电商平台的一体化商城模式。关于这三种模式的详细分析，大家可以阅读第七章的新融合一节，在此我们不做展开。

更有效的决策机制

全民带货同时带来了红利和乱象，未来流量平台通过场景要素，可以在不缩小用户选择范围的前提下，通过场景角色的专业性，实现较低认知负担条件下更高的决策效率和更明智的消费决策。

场景角色是指专业地帮助用户完成需求识别、信息收集、提供分析框架、提供决策建议的独立价值主体。在之前的直播形态中，场景中的主角是李佳琦、薇娅、罗永浩这样的明星达人，在未来将会是场景中的全员参与，这里的全员主要分为三类人：

第一类是具有相似需求的普通用户，他们是场景中的大多数，以互助的方式实现更高效的商品信息收集。

第二类是老用户，提供相对稳定的可比较、可量化的分析框架，帮助用户从100个商品中选出其中的10个。

第三类才是权威意见领袖。作为极少数人群，他们提供专业、具有影响力的建议，当消费者犹豫不决时，可以选择听取专家和意见领袖的建议。

未来，这三类人将会在直播带货的信息收集、评价、建议环节分别起到不同作用，同时通过充分互动形成一种制衡，共同帮助用户实现明智消费。

◎ 第三节　玉子屋：重服务渠道的价值体现

纯外卖模式是否必死？

渠道平台与商户的角力，也体现在外卖行业。

从2013年起，中国的外卖业务以惊人的速度崛起，改变了国人的消费习惯，也引发了中国餐饮市场的格局重塑。由于外卖模式对门店的位置和装修要求低，极大地降低了开店成本，所以外卖商家如雨后春笋般涌现，美团、饿了么等外卖O2O平台的壮大也证明了这是一种完全跑得通的商业模式。

在经历了高补贴和烧钱大战之后，外卖平台逐渐从规模快速扩张期转入资源掌控期，外卖市场日渐饱和，美团和饿了么因为具备先发优势，普及度广，民众接受度高，再加上各方面运营模式都做得比较完善，已经占有了几乎全部的市场，鲜有对手，逐渐形成了垄断态势。

在线外卖平台占据优势地位后，商家成了弱势的一方，在平台的地盘抢夺中成为牺牲品。很多商家面临被强行下架、佣金费率提高、配送范围缩小等手段的压迫，因为平台要求其签订“独家协议”，否则外卖订单就会锐减。

特别是对纯外卖平台来说，随着获得平台连锁品牌标的门槛越来越高，生存处境愈发艰难。原先同一品牌在同一城市有3～5家连锁店或开设在商场里就可以获得平台连锁品牌标，但是2017年年底开始，饿了么要求品牌门店数量必须10家店以上，美团则要求20家店以上。

平台的新规则一出，规模大的餐饮企业优势更显，小型外卖餐饮则哀嚎一片，失去了品牌标识，也就意味着失去了平台赋予的扣点、流量、管理等优势条件。

在外卖领域重新洗牌后，楼下100、笨熊造饭、呆鹅等相继倒下，笨熊造饭创始人王亚军痛呼“纯外卖必死”，得到了很多人的响应。

纯外卖模式是否必死？

在日本，同样有一家靠外卖崛起的企业，它既不融资也不烧钱，甚至从不打广告，每天只提供一种便当，却能年营收180亿日元，平均每天销量高达13万份，这就是“日本外卖之王”玉子屋。玉子屋取得的巨大成功，是对上述问题的最好解答。

玉子屋“一高三低”的组合拳经营模式

想要解读玉子屋商业成功的密码，得从它的商业模式入手。因为企业在价值链中如何控制和投入成本是一个商业模式是否有价值的核心，所以我们通过对比国内传统外卖商家和玉子屋在要素上投入资源的差异，能看出一些端倪。

如表2–1 所示，国内的传统外卖商家，在原材料、加工费、房租、水电等固有成本的投入上通常很高，占据了总成本的绝大部分；入驻美团、饿了么等平台，平台抽成占到收入的20% 以上，再加上店铺本身的促销活动，营销成本非常高昂；此外，餐饮行业的高损耗无法避免，因为很难估测第二天的单量，也就无法精准确定备货量，如果备少了会影响利润，万一备多了损耗成本自然很高；不过国内外卖行业的配送及服务成本远低于世界其他国家，这得益于中国发达的第三方众包配送能力，极大降低了商品的配送成本。

表2–1　国内外卖商家和玉子屋成本投入对比

外卖商家	加工制造成本	营销成本	配送及服务成本	损耗成本
国内外卖商家	高	高	低	高
玉子屋	低	低	高	低

所以，经营成本投入“一低三高”，这就是国内外卖商家的标准模式。

玉子屋则恰恰与之相反，单一产品、批量采购、中央式厨房降低了商品的加工制造成本；不靠广告靠口碑几乎没有营销成本；精确的销量预测极大地降低了损耗，形成了成本的“三低”。但由于自营配送，造成服务成本高。

（1）加工成本低：只做一种便当

在别的商家都在努力扩充SKU 数量，希望以新品类提升用户新鲜感的时候，玉子屋坚持每天只为顾客提供一种便当，一年365 天不重样。由于每天的菜单只有一种，所以可以批量购买同样的材料，这样与供货商交涉时就可以拿到更低的价格，如此成本就得到了有效的控制。所以尽管玉子屋的食材成本比业界高出15%，却能实现比别家更低的定价。

玉子屋将成本降低带来的优势转赠给了消费者，每份快餐定价450日元（折合人民币约28元），仅相当于3瓶500ml可乐的价格（日本一瓶可乐约150日元），在餐饮价格水平昂贵的日本，拥有无可匹敌的竞争力。

在人力成本的控制方面，玉子屋采取了提高人效的方式。鼓励员工“做业界其他公司三倍的工作，赚两倍的酬劳”，玉子屋送货员每天配送的便当量达400～600份，相当于业界的3～4倍。另外，玉子屋还积极聘请小时工和临时工以削减人力成本。

在手工制作的同时，也引进先进的自动化设备来代替一些机械性、简单的劳动，比如1小时可以煮好15000份米饭的全自动煮饭系统，以及清洗回收饭盒的全自动清洗系统等。

（2）营销成本低：坚持口碑传播

在“酒香也怕巷子深”的时代，玉子屋依旧坚持以优质的食材和美味的口感吸引客户，相信口口相传的力量。这种对“工匠精神”的坚守，源自玉子屋的创始人菅原勇一郎。

菅原勇一郎的父亲曾经营过一家卖鸡蛋、蔬菜的食材店，而菅原勇一郎作为曾经在日本富士银行（现瑞穗银行）工作的白领，对于午餐不好吃有着切身体会，两相结合之下就产生了要专门为白领做好吃又便宜的便当的想法，所以玉子屋愿意将节省出来的成本都用在食材上。这种经营理念和实际有力的行动，让玉子屋得以立于竞争的不败之地。

除了吃得出来的好味道和看得见的实惠，玉子屋还通过送货员一周10次与企业订餐人员接触建立起信赖关系，有效地促进了销售。

（3）损耗成本低：预估订单降低废弃率

前面说过，预估订单对外卖行业来说几乎不太可能，因此高损耗无法有效解决，但是对玉子屋而言这却不是问题。

除了经年累月形成的预估订单数的经验，玉子屋还通过官网等线上渠道提前告知未来两周的菜单，方便客户按需预定，如此会对每一天便当的储备量有大致的准备，而机动灵活的配送方式也能有效调配区域之间的供需不匹配情况。所以玉子屋的废弃率只有惊人的0.1%，远低于行业平均2% 的水平。

除了减少食材本身的损耗，玉子屋还在外卖包装盒上做文章。虽然包装盒的单个成本并不高，但由于数量庞大，积少成多也会造成较大的损耗。所以玉子屋每天都派配送员回收便当盒，并返给消费者一定的补贴，回收过后的便当盒会进行清洗消毒处理后再投入下一次的使用，如此既节约又环保。

（4）配送及服务成本高：分组送货

在配送方面，不同于传统的按负责区域分散送货的方式，玉子屋采用分组送货的配送方法如图2–1 所示。

玉子屋的送货员大约有200 人，分为3 个区域共9 组进行配送活动。负责离工厂较远地区的远距离组先发车，会装上比预估订单略多的便当，在完成配送后再和后发的中距离组、短距离组取得联系，对便当不足的区域进行补足。

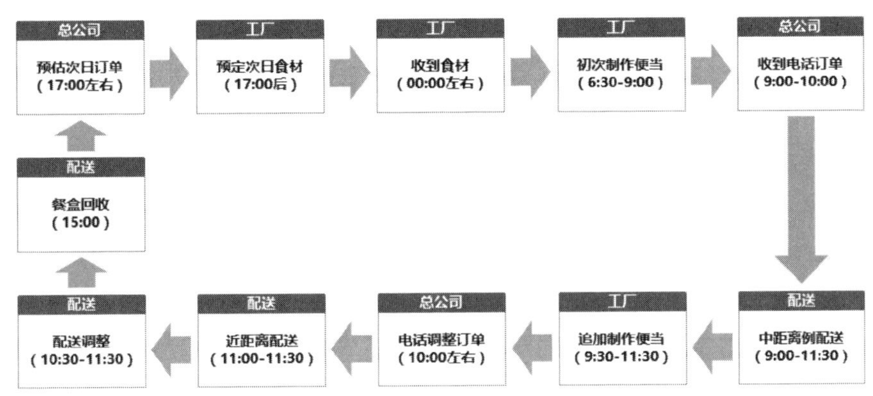

图2-1　分组配送方法

这种如同空中加油的模式，极大地提高了送货员的效率，实现了资源分配的效用最大化。

“一高”加“三低”的经营策略，最终给玉子屋带来了高性价比的产品，实现了良好的服务。这种控制成本精准到“令人发指”的管理模式，不禁让人联想到丰田的零库存管理。无论是制造业、零售业还是餐饮业，大概将每一个细节做到极致是日本社会整体奉行的理念。

最重要的是，正是凭借物流配送成本这项高成本创造的附加价值，玉子屋才实现了加工制造成本、营销成本、损耗成本的“三低”保障，而附加价值则是玉子屋依靠“重服务”的价值换取的。

“重服务”的价值

做堂食的餐厅比如酒吧、咖啡店等将服务作为经营重点很容易让人理解，但纯外卖业务，依据电话或互联网订餐，配送员把外卖给到用户，服务流程基本就结束了。外送业务对外卖企业而言就是一个成本最高、最不赚钱的业务环节。

中国的外卖商家很少会自己招募人员送餐，绝大多数都会选择外包给订餐和送餐的第三方平台以降低成本，事实证明这也的确是非常成功的路径。

玉子屋却自建送餐团队，即便日本的劳动力成本比中国要高得多。不排除有日本的第三方配送服务体系不如中国完备的因素，但最核心的部分是玉子屋通过自有配送可以获得额外价值！

玉子屋配送服务的价值是通过中央厨房的价值和商品的低损耗来体现的。没有送餐服务这个关键业务环节的投入，就没有玉子屋今天的成功。

先说回玉子屋每天只提供一种快餐的经营模式，在大众看来，应该是更多的商品才能更多、更好地满足消费者的需求。不过做出这个判断有三个前提假设：

第一，假设我们并不知道用户的消费需求是什么。

第二，假设用户的注意力和认知能力是无限的，即用户能够注意到所有商品之间的差异。

第三，假设更多的商品不会增加加工和制造成本，或者用户对由此引起的价格上涨不敏感，或者是用户愿意为更多的选择权付费。

但后两个假设越来越倾向于不成立，所以即便能提供更多的商品，也不一定能够满足用户的需求，让其买单。

这样我们就推导出，能够让玉子屋在每天只提供一种快餐，还能保持极低废弃率，创造商业神话的原因只有一个：玉子屋能够精准地了解用户的需求！而要做到这点，正源于送餐服务在渠道中承担了场景要素的作用。

预估订单高的区域先发车，之后补足后发车的区域，这种方式降低了送餐成本和提高了送餐的实效性。除此之外，玉子屋又将成本额外花在了回收餐盒的环节，相当于又跑了一次送餐全程。投入这部分人力不仅仅是回收餐具、二次利用这么简单，这是玉子屋商业模式的精髓，是不可或缺的一环。

第一，回收餐盒，为用户免费附加处理餐厨垃圾的服务。日本的垃圾处理比较严格而且需要收费，这项服务能够帮客户解决掉很大的麻烦。

第二，通过菜品剩余情况了解用户的满意度和需求，为菜品的调整和研发提供信息。如果一天只有一种产品，那么商业模式是否成功则极大程度上取决于这一餐菜品的口味和质量是否能得到消费者认可。通过回收餐盒，玉子屋相当于做了一次用户调研，并且可以得到最真实、最客观的反馈。

第三，在餐盒回收过程中了解客户次日订餐的可能性。这个过程虽然只有寥寥几句的交流，却可以将次日的订餐情况了解得八九不离十。精准地获得次日的订餐量，中央厨房的作用就发挥出来了，按照预估的订餐量，集中生产，降低了加工制造成本，同时能将废弃率降低至极限。

一个小小的“回收餐盒”举动，实质上却可以看作玉子屋核心竞争力的体现，即提供了外卖行业普遍缺乏的“重服务”，通过重服务创造的价值来重构传统商业模式。

外卖行业的本质是利用产品加工能力的外溢，或充分利用闲时的加工产能，并将产品销售出去。所以经营的要求就在于既要避免产能浪费、产能限制的机会成本，又要避免因未能销售导致的产品废弃。在产品的废弃率上，我们得出以下公式：

外卖行业价值=产能-废弃损失

废弃损失的期望值=废弃率×产品成本

外卖行业价值=产能-废弃率×产品成本

再次全面审视玉子屋的商业模式，我们发现，它在产能一定的情况下，更早地绑定了用户需求，有效降低了废弃率，再通过中央厨房、产品的模块化设计及加工，提高产能、降低产品成本，由此形成了玉子屋的核心价值。

传统的外卖方式，使用第三方快递，虽然降低了成本，但自然也没有附加价值的产出。玉子屋在外卖配送环节提供的超出预期的服务，虽然产生了额外的成本，却也产生了附加价值。恰恰是这些额外的价值，才是企业重新整合资源的基础，也是模式创新的根基。

我们始终强调，零售行业应该去发现线下零售服务的价值，而不是将其单纯视作一种成本投入，否则会在新零售的潮水中被淹没。

第三章

提高供应链效率

本章我们将重点讨论如何提升供应链整合的效率。首先探讨以Costco（开市客）为代表的针对某个垂直领域，从渠道选址、选品到营促销等各方面专项的供应链整合方式；其次以京东所经历的三次零售变革为例，讲述传统平台渠道商的供应链协同模式；最后探讨如何实现供应链能力提升的最高阶版本C2M——由消费者驱动的供应链作业和按需生产，通过精准需求、短链渠道、柔性制造，实现个性化需求与商品的高效精准匹配和高效交付。

◎ 第一节 从卫生纸一窥电商和Costco 的模式优劣

复杂的电商平台

电商平台的鼻祖——亚马逊，其logo，这一个箭头从a 指向z，寓意从a 开头到z 结尾的商品我全部都有，一网打尽、无所不包。初衷很好，只有提供尽可能多的品类，才能满足消费者的多样需求。

看起来，似乎SKU 数(单品数量) 越多越好，事实果真如此吗?

(1) 令人困扰的海量SKU

听过一句玩笑话："买房比买卫生纸还快！"乍听有违常理，倘若从认知、决策角度去看，房屋作为消费标的物，商品数量真的比卫生纸要少得多。买房，我们仅需在一个固定区域范围内获取商品信息，价格区间也相对刚性，而生活用纸的选择范围则覆盖全网，并且没有刚性的价格约束，选择起来目标太分散。

去线下综合超市选购生活用纸，SKU 至少50 个以上。在淘宝上搜索，显示的结果更可怕，超过800 个品牌，4800 个SKU！注意，淘宝的展示上限就是4800 个。事实上，纸品这样的简单产品，其类型、品质并没有特别大的差异，过多的品牌及商品种类对消费者来说增加了认知负担，收集、筛选、过滤信息的成本也非常高。

对于消费者的这种选择困扰，渠道商毫无疑问是知道的。那为何没有一家电商平台将自己的SKU减少10倍呢？因为如果消费者能够关注更多商品，对渠道而言就意味着更多的销售机会，所以它们选择忽视用户的认知成本问题。

对渠道商特别是电商平台而言，货架基本是无限的。从供应商的角度出发，出于竞争需要，想要获得比竞争对手更多的货架空间，就需要生产出更多新产品，尽管可能只是在包装、名称和价格上有些微区别。所以二者在这点上一拍即合。

与此同时，渠道商需要更多的品牌和商品来抗衡某些强势品牌，包括大力发展自有品牌，以获得更高的话语权。总之，这是一种通过激发供应商之间的内部竞争，来形成对渠道商越来越有利局面的策略，我们称之为渔翁效应。

竞争会加剧货架需求，这为几乎零成本的货架带来类似级差地租的效应，越优质的货架资源，品牌商越竞相高价购买，渠道商当然乐见其成。

所以电商平台都在不断地扩充商品品类，典型如京东，由原先的主营3C扩充到全品类，SKU在几年内增加了数倍。线下渠道商也有此动机，只是受限于场地和货架数量，所以借助自有品牌策略，以提高单位货架的产出。

渠道商出于趋利本能，如此为之，原也无可厚非。只是随着其贪婪程度的增加，消费者需求程度和认知水平又在不断提升，二者之间原先简单的销售关系，变得矛盾凸显。

（2）平台滥用的“关联规则”

如果你打算在电商平台上购买一台笔记本电脑，会发现呈现在浏览页面的不仅仅是各个品牌、各个型号的电脑，还有与之相关的无线鼠标、电脑包、显示器等配套产品。

平台的本意是利用关联规则（Association Rule）来实施推荐，希望达到“将尿布放入购物车之后，再推荐啤酒”比“直接推荐啤酒”更好的售卖效果。如今在电商行业广泛运用的关联规则分析就是为了发掘购物数据背后的商机而诞生的。

然而，很多时候总是事与愿违。本来我有初步的意向品牌，结果在信息推荐的干扰下，研究了半个小时的参数和性能，又花费半小时选择不同款式、材质的电脑包和鼠标，直到头晕眼花都难以下单，最终决定择日再选。

这正是因为推荐规则的滥用，分散了用户的注意力，用户容易丢失目标，导致交易无法实现。有相当一部分人群“只看不买”，并不是他们不想买，而是无法同时处理过多的信息，出于混乱无法选择和购买。

（3）平台强推的“长尾商品”

还有一个理论被电商平台大用特用，就是长尾理论。在零售行业，长尾产品往往被视为需求不旺或销量不佳的产品，但根据多数定律，只要存储和流通的渠道足够大，商品数目足够多，加起来的销量却可以和热销产品所占据的市场份额相当。

由于传统货架要兼备商品展示和货品存放功能，空间有限，而互联网的出现则无限延伸了虚拟货架，并且成本趋于零。这样的“可延伸性”，也让“长尾市场”在电商平台上被唤醒生机。

电商渠道热衷于将流量导向尽可能多的商品，当长尾商品的占比不变，而商品总量变大（10倍或更多）时，这些流量就被导向更多数量的长尾商品。从利润角度而言，因为这些商品具有特色，并且在其他渠道不常见或不可见，所以相对价格更高，毛利也就更高。因此渠道在客观及主观层面都会向用户推荐更多数量的长尾商品。

这就又引发了另一种矛盾，用户需要有目的、精准的商品信息服务，但渠道想让用户看到更多的商品信息。随着渠道流量引导行为的增加，用户看到的小众、奇葩的商品数量越来越多。有人评价说，在用淘宝之前，从未发现不需要的东西竟然这么多。

相信很多用户都有过同样的经历，在商品浏览上耗费了大量时间，最终犯了严重的选择困难症，很难下定决心成交；或者买了一堆无用商品闲置在家中某个角落生灰。随着生活节奏越来越快，用户更希望享受简单而愉悦的决策过程，而不是注意力被牵扯得支离破碎。

精简的Costco

同样是卖卫生纸，Costco 只提供3 种左右的选择，这与电商动辄几百个品牌、几千个SKU 大相径庭。

事实上，一间占地面积差不多1 万平方米的Costco 门店，活跃的SKU 只有3700 个左右，这意味着每个细分品类就只有一到两种商品可以选择。然而，可选性这么少的Costco，却创造了无数的销售神话。

2019 年8 月，Costco 在中国的第一家门店正式开业，仅过半天就因为人流超负荷被迫暂停营业。在店址远离上海市中心、开业当天也非休息日的情况下，仍然能吸引巨大的客流，导致停车场需要等位3 小时、结账需要排队2 小时，Costco 的成功引发了全民热议。

消费者关注更多的是能否抢到低价的名酒和名牌包，零售业同行艳羡的目光背后，更多的是对其独特模式的探究。

（1）严苛的低价策略

坊间一直传闻，Costco总毛利必须控制在14%以下，某件商品如果超过必须要经过董事会批准，但Costco董事会从未批准过这样的商品。很多人对于这个标准能否百分百执行存在疑虑，因为这个毛利率定得实在太低了！

Costco创始人Jim Sinegal在各种场合也反复强调公司的定价铁律，甚至他说的14%是指加价率，实际只相当于12.3%的毛利率，标准更为严苛。然而，纵观Costco历年的财报，它真的做到了整体毛利率从未超过14%，比如2018年毛利率都在11%左右。

Jim Sinegal经常会讲一个关于CK牛仔裤的例子，某次Costco销售的29.99美元的CK牛仔裤被一扫而空，于是又进了几百万条。由于量大，这批货的进价极低，哪怕按14%的最高上限毛利率也只能定价22.88美元。Costco本可以按原先的29.99美元去卖，因为本身已足够便宜，但最后决定坚持定价原则，卖22.88美元，等于少了几千万美元收入。这样的执行魄力和战略定力，是Costco企业文化的精髓。

为实现低价策略，Costco进行严格的成本控制，很少做广告宣传，认为口碑即最好的广告，从而将广告费用让利消费者。如果有某些商品毛利率太高，就会立即着手找供应商生产同类的Kirkland（Costco1995年推出的自有品牌，产品种类覆盖食品、生活用品、成衣等）产品，把前者替代掉。

不过，超过14%定价铁律的商品有一个，毛利率基本100%，就是Costco的会员卡。Costco的付费会员制度是大家谈论它时避不开的话题，要想进入卖场购物必须持有会员卡，会员年费为110美元。可以说，会员费收入是Costco商业模式的一大核心。

之所以能吸引消费者在实际购买商品之前便掏钱购买一张入场券，也是因为Costco向会员提供远比竞争对手更大的价格折扣和优质服务，并以2%的额外折扣来形成会员的忠诚度和购物黏性。

（2）商业核心：精简SKU战略

我们已经知道，Costco的商业模式是通过质优价低的商品吸引消费者，通过收取会员费实现公司的主要盈利。但“质优价低”是如何形成的，很多人却并不了解。

这背后的本质就是Costco的商业核心——精简SKU战略。

Costco的SKU只有3700个左右，品类少、采购量大，极大提升了Costco的供应链话语权，能以较低价格从供应商手中拿到商品，从而降低采购成本。

由于爆款商品销量集中、库存周转快，采购与仓储都有强大的规模效应，极低的库存周转率也带来了资金运转效率的提升，降低了经营成本。Costco的库存周转周期只有30天，而沃尔玛要超过40天。

SKU少也进一步降低了管理成本，Costco的员工数只有沃尔玛的一半，创造的效率却是沃尔玛的5倍。沃尔玛、家乐福等商超一个货架上往往摆放几十个SKU，工作量复杂繁重，而Costco由于商品种类少，无论是前端门店管理人员，还是后端采销人员都要少于其他商超。

Costco每种SKU都经过管理层的亲自挑选试用，新增SKU也需征得管理层的同意。Costco还建立了一个专业的“买手”团队，例如在选择卫生纸时，会将商品经理派往纸厂测试厚度、强度和柔软度，检查生产环节中每一个可能会影响到纸质的因素。此外，Costco还会采取买断供应商的策略，所以很多商品在其他渠道上都看不到。

所以，精简SKU战略不仅给Costco带来了经营收益，也为用户带来了极大的便利性。前面说到过，Costco 的生活用纸只有10 个左右的SKU，最后上架的大概只有3 个。Costco 帮助用户过滤掉大量的商品，提供最佳的商品推荐，用户只需要简单直观地判断，买还是不买即可。

这种让消费者“闭着眼睛买”的经营理念背后，是对消费者心理的娴熟运用。

● 杜绝“笨驴效应”，提供更少的商品

有一则出自丹麦哲学家布里丹的寓言，说是有头毛驴，在干枯的草原上好不容易找到了两堆青草，却不知道先吃哪一堆，结果在无限的选择困难和徘徊中饿死了，这就是“笨驴效应”。对应到人类身上，很多人也有选择恐惧症。

人类理性的决策过程，大致可分为如下几个步骤：第一步，收集相关信息，尽量保证信息的全面性、口径的一致性；第二步，进一步明确问题，设计、选择、比较可以采用的分析框架，设定评价指标体系；第三步，按照评价指标体系进行独立打分及评估；第四步，听取权威参考意见。

以上处理信息的全过程既耗时又费力，如果是同时面对几百甚至几千个商品的选择时，做决策的思考复杂程度就更令人烦忧。这样看来，Costco 的低SKU 策略做到识别消费者隐藏的消费需求，从数量庞大的商品库中筛选出最符合需求的几款产品，展现在用户的浏览界面上，确实能有效减轻消费者的认知和决策负担，让消费者觉得十分友好妥帖。

● 大脑思维系统：更大的包装更好

Costco 完全融合了仓储卖场和大型储货仓库两种形态，商品多以大包装的形式摆放在钢制货架上。用户看到的商品通常体积都非常大，有一人高的卫生纸、10 公斤一只的鸡、48 罐一箱的可乐等。

背后的逻辑除了通过储存销售一体减少中间存放和二次运输费用外，还暗藏着Costco 对用户大脑决策思维的了解和利用。

卡尼曼的《思考，快与慢》一书中提到，人类大脑中存在两个系统，即系统1 和系统2，系统1 的特点是无意识运作，系统2 的特点是受控制运作。大量研究显示系统1 对人的影响远远大于系统2 对人的影响。

当人类面对复杂的决策过程时，如果因为某些具体价值信息的缺乏，系统2 代表的逻辑思维无法被激活，那么系统1 就会替代本应由系统2 进行的思考。

消费者在逛商场时，经常会因为接收到的产品信息太多，而造成视觉、思维的疲劳。此时，非常明显（如更大、更重）的事实和那些需要思考比较的内容，对比之下更容易被接受，我们懒惰的大脑便会直接据此得出结论。

所以Costco 采用了与几乎所有普通超市的标准包装都不同的规格，体积更大、分量更重，这些都是为了让这些产品在用户的感知层面占据优势，使其尽可能多地依据一些显而易见的事实做出判断。

- 自我决定理论：掌控感和胜任

在传统电商的商品选择中，面对几千个SKU，我们经常会产生心理上的失控感和挫败感。这种糟糕的体验也经常发生在线下，当我们在某家商店闲逛，本想静静地欣赏和挑选，这时走上来一位推销员，然后喋喋不休地说服你买各种各种的商品。但他说的并不是你需要的甚至是错误的信息，这时候我们只能说“谢谢”然后快速走开。

随着用户个性化的持续觉醒，消费者愈发抗拒传统的销售方式。Costco 却让用户在消费中获得了更好的心理感受，因为其经营理念匹配美国心理学家爱德华·德西和理查德·瑞安提出的“自我决定理论”。该理论提出人类有三个核心的需要：自主、胜任和连接。

第一，自主，即用户要求对环境和自我有一定的掌控能力。Costco 将对商品的选择权交给消费者，而不是有目的地操纵和诱导用户做出不当的决策，这无疑提升了用户对消费过程的掌控感。

第二，胜任，即用户会在潜意识里要求自己每一笔消费都是成功的决定，从而佐证他们对于采买（家庭）职责的胜任能力。现在的电商渠道不仅商品数量多，还有各种五花八门的活动和复杂的优惠规则，没有多少“精明”的消费者能够胜任那种消费模式。

第三，关联，人们会不自觉地模仿其他人的行为，Costco 的用户也会受到周围人群的影响，认为“别人似乎知道更多值得购买的东西”，于是通过跟随购买，来降低不确定性和提高安全感。

像Costco 这样赋予用户的明智购物和极致体验，也是新零售所追求的。不是生硬销售或推销，而是通过主动识别用户需求，有针对性地提供最有价值的商品信息服务，从而帮助用户实现明智消费。

新零售要创造一种在渠道和消费者之间自由的空间，在这里消费者是主导。他们不希望再被渠道商控制和绑架，想体验哪件商品，想体验多久都遵从自己的意志，消费行为恢复愉快的原貌。

◎ 第二节 从京东的发展看供应链整合

2020 年的开端不同于往常，5 月19 日刘强东在京东内部全员信中说，这让他回忆起了2003 年北京非典肆虐的时候。不同的是，那时候在中关村卖光磁产品的他不得不关闭实体商铺，而2020 年6 月他却带领京东赴港上市。

从一个卖光磁产品的中关村摊位，到现在美股、港股分别上市，市值超过7200 亿元的超级电商企业，背后离不开京东以供应链整合为核心的三次业务转型。

第一次转型：批发与零售供应链资源的整合

京东的第一次转型是批发与零售供应链资源的整合，从线下代理业务起步到线上B2C 商城。

1998 年刘强东创建了京东公司，代理销售光磁产品，在短短几年内成为全国较具影响力的光磁产品代理商。业务模式主要为线下B2B 业务，零售业务占比极小。

尽管京东与苏宁一样都是从线下批发起家，但它们在2003 年以后却选择了线下B2C 和线上B2C 两条不同的路径。

2003 年，面对“非典”对传统零售业的冲击，京东放弃了全国扩张连锁店面的计划。然而从2003 年开始到2013 年，正是线下连锁零售发展的黄金10 年，苏宁在2003 年挺进“3C”时代，导入了连锁经营的综合电器店模式，随后通过“租、购、建、并”在全国快速扩张，并推出了“店商+ 电商+ 零售服务商”的新模式。

京东本可以选择与苏宁类似的尝试，或继续原有的业务模式，但它采取了非常大胆的甚至是令人诧异的转型：2004 年年初成立了“京东多媒体网”，放弃原有的线下业务转为线上，由批发业务转型为零售业务。

还有一点很大的不同，苏宁采取了打着连锁零售旗号的商业地产模式，自己搭台，供应商唱戏，这样可以很快做大规模，当年苏宁的开店速度是平均10 天开一家新店。京东线上零售则开启了平台自营模式，即B2C 模式。

评估一种商业模式，我们认为至少要从三个角度综合判断，分别是成本、效率和用户体验。抛开成本差异，从消费者角度而言，京东模式的用户体验做得更好。大众能明显感知到，2013 年以后消费者对京东普遍的印象就是正品保证，可提供发票，另外支持货到付款的灵活收款方式等。

所以一个商业模式是否成功和具有可持续性，要看其能否更好地平衡成本、效率和用户体验这三者之间的关系。这三者很难兼得，需要企业主动将成本转移到内部，并通过对资源的整合和技术上的持续投入，以及新商业模式和新技术的应用来保障更好的用户体验。我们发现后来京东的很多战略举措都是以不断优化三者之间的关系为出发点，明白这点，才能够帮助我们更好地理解其决策背后的战略深意。

第二次转型：仓储物流资源整合和能力建设

2007 年京东开始自建物流，并于2012 年注册了物流公司，2017 年4 月25 日正式成立了京东物流集团。事实上，刚开始这一战略决策遭到了很多人的反对和业内的嘲弄。

彼时，淘宝这样的互联网电商轻模式越来越为用户和资本市场所认可。大多数人都不认同把钱烧在物流领域，认为仓储物流是一个投资大、见效慢、回收周期长的行业，是一个劳动密集型和资本密集型的产业，完全可以依赖社会物流服务，不必自建。持有这种观点的企业有很多，其中一个就是苏宁。

在2007 年之前，苏宁是当时唯一拥有自营仓储、自营物流完整供应链能力的企业，但是在2012 年前后，苏宁完全放弃了自营物流业务，选择将物流业务外包给第三方公司，将公司的业务变轻。更快地实现盈利，不仅是管理层的需要，更是资本市场的需要。但是，在之后的2017 年，第三方物流快速成长之时，苏宁却选择以数亿的资金收购天天快递，重新涉足原已放弃的自营物流业务，如此反复，是因为原来的决策错了吗？

当时与苏宁持类似观点的还有阿里，2015 年《阿里正传》一书的作者提及与马云聊天时，马云曾断定京东模式存在巨大的问题，前景悲观：“京东将来会成为悲剧，这个悲剧是我第一天就提醒大家的，不是我比他强，而是方向性的问题。你知道我为什么不做快递？现在京东5 万人，仓储将近三四万人，一天配上200 万个的包裹。我现在平均每天要配上2700 万个的包裹，什么概念？10 年之后的中国，每天将有3 亿个包裹，你得聘请100 万人，那这100 万人就搞死你了，你再管试试？”

我们看到马云此言，直指京东的仓储物流业务会在5 到10 年内拖垮京东。但是从2007 到2015 年，京东已经顶住压力和各种非议，持续干了8 年，甚至在2015 年之后加快了资本和技术投入。

2016 年，京东成立X 事业部，打造智能仓储物流系统，无人机、无人车、无人仓开始试运营；2017 年建成了首个全流程无人仓；2018 年研发了货运无人机“京鸿”，建成国内规模最大的物流机器人仓群；2019 年亚洲一号智能物流园投用超过23 座，形成亚洲电商物流领域规模最大的智能物流仓群。

如今的仓储物流已经成为技术密集型产业，物流服务能力的提升，反哺电商零售业务的发展。京东2020 年拟再投用的12 座亚洲一号智能物流园，全部面向2 ～5 线城市，新扩建城市仓和转运仓13 座，进一步加速对乡镇市场的覆盖。2019 年第四季度的京东财报显示，有超过70% 以上的用户来自3 ～6 线城市，这都得益于京东在仓配服务能力上的提升。

再回到2015 年业内对京东自建物流战略的反对、批判，可以说很多人的战略眼光都是不及刘强东的。因为他们忽视了身为渠道最核心的能力和价值之一就是履约能力，即商品的交付能力，而在交付环节中仓储、物流则是重中之重。

我曾在京东自营购买了一台豆浆机，收货后发现外壳变形，于是在线发起了换货申请，第二天之前给我送货的京东快递员就带着新的豆浆机上门为我办理了换货，整个过程非常方便，就是将原来的豆浆机带走，将新机留下。

能做到如此极致便捷的售后服务，至少需要如下三个条件：

- 有自营的仓储、物流体系

退换货绝对是电商业务最复杂的流程之一，包含：有货未发退货、已发未签收退货、已签收退货等多种情况，特别是电器还存在已安装退货，需要上门拆机和拖机等相当烦琐的流程。需要经历从订单到仓储、物流整个内部系统的流转，除此之外还要考虑第三方公司的售后能力。只有仓储、物流系统管理、运营高效，才可以确保配送、售后的速度，而唯有自营系统才能实现如此高的管理效率。

- 管理权限下放

物流人员是零售企业与用户最直接的接触点，为了使该接触点能够发挥更好的服务体验价值，就需要将管理权限下放到服务一线的快递员，这对企业管理是一个严峻的挑战。

- 信息整合能力

从订单到客服到仓储物流、售后系统的整合，同样需要在一个体系内才能实现。

这三点存在很高的壁垒，所以一般电商平台很难同时达到，京东却做到了。通过将仓储、物流纳入供应链能力的整合，京东在全国范围内率先推出上门取件、上门换新等服务，在提高用户交付体验的前提下，不断降低交付成本、提高交付效率。

在用户越来越不满足于基础服务，期望能感受到惊喜、有温度、灵活有弹性的物流服务时，京东围绕“短链”“智能”，做到了传统零售渠道商在交付环节能够做的用户体验的极致，由此形成了难以复制的竞争壁垒。

值得讨论的一点是，京东和淘宝的物流战略有何差异？我们认为，京东是电商渠道，有能力对渠道全过程的体验加以控制和管理。而淘宝是平台，物流依赖第三方，所以很难要求它们做出一些特殊的服务，这也是阿里近两年持续收购物流企业的原因。

第三次转型：回归线下+双线资源整合

随着线上格局已定，流量厮杀红海一片，各方不约而同地将目光转向“线下”这个新零售最复杂的战场，京东也不例外。于是从2014年开始，京东开始了第三次转型，从一家电商企业逐步发展为以供应链为基础的技术和服务企业，从京东商城发展为零售、物流、数科的（零售）基础设施提供商。

从2018年开始，京东便利店在全国范围内大规模招募加盟，并豪言推出了“5年100万家”的计划，到2019年年底大概达成了20万～30万家。几乎同一时间，苏宁也开始了苏宁小店“3年2万家”的开店计划，天猫超市也开启了全国范围内的扩张。

京东便利店与苏宁小店的自营模式不同，采取加盟模式，实行B2B分销业务，京东负责供货，不介入便利店的经营和管理，将供应链能力输出给便利店，这近乎回归了京东最早的toB业务模式。凭借自营商品在供应链（选品、议价、仓储、物流）能力上的优势，京东实现了全国范围内包括乡镇市场的快速门店布局，得以在原来的B2C模式外，增加B2B2C模式以触达更多的终端消费者。

不过在转战线下时，以往一直坚持以“用户体验”为核心发展目标的京东在此阶段思路却发生了改变，选择了“轻”体验、“重”销量。加盟店主打京东的店标，卖一定比例的京东商品，经营、管理、交付却依赖店主自身的水平，缺乏统一的标准和能力支撑，所以用户体验很难保证。

反观一贯走平台道路的阿里却走出了线下自营的第一步——盒马鲜生，

在上个发展阶段南辕北辙的两家公司，没想到在第三阶段又发生了180度的转向，阿里开始追求“用户体验”，京东却开始打造“平台”。

目前来看，京东便利店的战略是失败的，不但开店数量很难达到预期，而且大量京东便利店亏损、倒闭。

第一点原因在于国内便利店行业有较高的规模门槛的要求，而规模化对于资金、发展速度、资源整合能力，都有非常高的要求，2018年仅我国便利店行业CR3、CR5（业务规模前三、前五的公司所占的市场份额）分别为26.4%、37.5%，而日本却分别达到了80%与94%。所以在中国即使是头部企业也较难形成规模优势。甚至其所面对的本地化社区超市、大型商超、夫妻老婆店等都在不断分割市场，也造成局部市场竞争的加剧。

第二，便利店的综合成本，特别是物流成本在传统零售业态中是最高的。与大型超市由供应商集中配货到店不同，便利店主营为生鲜食品，便利店运营商每天都需要为下辖的数十家门店配货，这些都需要较高的物流技术能力和运输成本。由于京东便利店门店数量没有形成规模，即便每条配送路线都经过数据智能的优化，物流成本相比于使用三轮车的区域二批商还是要高很多。而京东面向消费者的快递配送能力不适应于便利店日配（每日配送）和要货（集货配送）这两种送货模式，实际成本会更高。

第三，物流时效优势不足。京东便利店的供货路径是京东掌柜宝接到店主的订单后，商品从京东大仓发货配送到门店，在京东仓储物流基础建设并不完善的很多地区，配送时间一般是1～2天。由于京东几乎不参与便利店的运营，预测补货的能力也相对薄弱，主要是通过门店要货的方式，随机性很大。而便利店内高频、即时类商品的销量往往很大，针对这些品类，当地经销商可以2小时送货到店，两者对比之下，京东物流显然不具备优势。

第四，具备供应链能力，不具备零售能力。京东只为门店供货，且不强制加盟店的商品来源，完全由便利店自己经营，因此无法为加盟店管理者提供经营指导服务。比如门店缺失智能选品能力，店主只能凭经验选择商品，再比如缺失数据分析经验，同样也不会有统一的动线设计和陈列规划。

我们再来对比一下苏宁的做法，首先苏宁小店采用直营模式，前置仓配送模式提高了门店配送和动销效率，并且依据O2O一体化解决方案提高线上订单数量。虽然带来更多的开店和运营成本，但却可以从运营模式和组织机制上确保用户体验。关于苏宁小店，后面我们会详细介绍。

在很多机会的识别上，我们看到京东和苏宁具有类似的洞见和眼光，但同时这两家企业在实现策略上又大相径庭。在线下便利店这一局中，我们认为苏宁扳回了一城，将更多的资源纳入整合范围，虽然有难度，也有成本，但一旦整合见效，便可更好地兼顾用户体验、成本和效率三者之间的关系。

在竞争激化的便利店行业，有着强供应链能力的京东未能杀出重围，而有着几十年线下零售经验、投入大量资本的苏宁也未能轻松取胜，可见这个行业需要供应链能力和零售能力的同步增强。

纵观京东便利店这一对外赋能战略，京东只赋能了品牌、供应链资源和仓储物流能力，还不足以与合作者维持相对紧密的协作关系。可能这仅是京东在考虑资本和投入后的一次尝试，未来在合适的时机，京东也许会通过自营模式，掌控零售能力，再次杀入便利店行业。届时京东应该会采用更加开放的心态，整合第三方的供应链资源，并尽快完成双线的业务协同，实现线上运营对线下的赋能。

◎ 第三节　C2M 的谎言与真相

C2M 模式的误读

2020 年3 月，淘宝特价版上线，定位是“首款以C2M 货品供给为特色的购物App”，和一起亮相的“超级工厂计划”“百亿产区计划”并称淘宝C2M 战略三大支柱。淘宝特价版为消费者展示极致性价比的好货，“超级工厂”和“百亿产区”则从供应链上游支撑特价版的供给。

虽然阿里声称淘宝特价版代表C2M 模式，其实在我们看来，这种模式更像M2C，即商品制造好后，工厂（Manufactory）直销给消费者（Customer），省去了经销商加价的环节，所以这种模式对消费者来说购物更加便宜。

这也反映了一个普遍的现象，虽然大家经常将C2M 挂在口中，或从别人嘴里频繁听到，但其实很多人都对概念存在认知偏差，将其与B2C、M2C 等模式混为一谈。

C2M 模式主要是指用户直连制造商，强调的是制造业与消费者之间的衔接，网易严选甚至是薇娅、李佳琦的直播带货这些所谓的C2M 都不是真正意义上的C2M 模式。

C2M 模式的核心是“短路经济”和“柔性生产”。“短路经济”面向消费者，指省去中间商，工厂直接发货到消费者，降低流通成本，使消费者得到实惠；“柔性生产”则面向生产商，基于消费者需求按需生产，降低库存压力，通过规模化平衡订单成本，实现利润最大化。

B2C 模式是指商家直接将产品或服务销售给消费者，淘宝、天猫、京东、苏宁、亚马逊等电商平台都是典型的B2C 商城。

相比B2C 模式解决了商品买得到、用户买得起的问题，即消费者的规模化需求与标准化商品的匹配问题，C2M 能实现以消费者导向为出发点，通过消费者需求数据指导制造，实现个性化消费、明智购物和按需制造。在这样的理想模式下，每个消费者都可以创造出一切自己想要的商品，享受一切合理的服务。由于商业模式、技术的限制，现阶段我们其实还不能实现全面、理想化的C2M 商业模式。

C2M 概念的误用

业内现在常常喜欢套用C2M 的概念，但它们其实并非真正的C2M，现有模式主要有以下两种类型。

（1）渠道定制

渠道定制意味着渠道或电商平台对制造业的反向整合，反向整合又分为三种模式，包括渠道自有品牌、电商平台白牌、渠道整合品牌生产线。

- 渠道自有品牌

厂商根据渠道对产品的外观及内部规格设计要求来制作不同规格和形态的产品供客户选择，最终贴的是渠道的品牌logo，就是ODM（original design manufacturing）模式。该模式比纯代工的OEM（original equipment manufacturing）模式要复杂得多，因为渠道要考虑消费者偏好、市场需求，还要控制产品外观、设计、质量、产量种种因素。

现在各大平台的自有品牌都是按照这种模式，以网易严选、苏宁极物、京东京造、小米有品为代表，其自有产品背后的制造厂商往往是同一家，产品同质化十分严重，大部分只有logo 和颜色上的差别。

- 电商平台白牌

白牌起初是指没有品牌的商品，但这些商品并非假冒伪劣商品，只是品牌没有任何名气，缺乏品牌溢价，价格非常低廉。以拼多多、淘宝特价、苏宁易值买等平台售卖的商品为代表。

比如拼多多上很多白牌电视机始终占据了热销榜，这些电视就像是DIY的产品，采买一个液晶面板占去70%的总成本，再加上音视频处理器、电源、机壳、遥控器等其他电子元件就可以出厂销售，功能、质量和服务虽然与品牌有一定差距，但可以满足大部分需求，所以面向四五线下沉市场时非常受欢迎。

- 渠道整合品牌生产线

2015年，天猫包下飞利浦、美的、沁园、格兰仕、夏普、九阳、荣事达、SKG、柏翠、奥佳华、莱克、科沃斯等14个品牌的生产线，打造渠道定制产品。首先，通过阿里大数据分析出用户对智能家电的需求偏好，据此提炼出产品功能、技术、卖点、痛点。其次，天猫将分析结果提供给商家，推动产品的技术创新，实现产品的快速升级。最终以定制包销的方式，通过天猫、聚划算等销售平台，将商品输送给消费者。通过这种模式，商家在阿里智能生态圈内可以实现从产品设计到生产销售的供应链闭环。但此模式到目前为止，算不上很成功，原因在于渠道提供的数据指导制造端生产的能力有限。

以上三种渠道定制模式的共同特点，都是渠道利用自身的流量优势和信息优势，反向整合制造业资源，此类探索虽然取得了一定成绩，却存在很多待解决的弊病。

首先是制造商与渠道商的角色发生倒置，二者关系可能存在危机。原来渠道商负责销售商品，制造商负责生产商品，此时制造商是甲方，渠道商是乙方。渠道反向整合后，转为制造商运营官方旗舰店，在渠道或电商平台上，购买大量的广告和营销资源，渠道商以代消费者的身份转换为甲方。再加上渠道内同时存在第三方和自营两种模式，而两者销售的商品又很类似，所以关系变得更加微妙。

其次，可能导致用户需求响应慢，服务质量下降，用户体验变差。一方面，虽然反向整合后对于消费者需求的把握和成本的控制会得到相应的提升，但系统对于用户需求的响应速度会变慢。另一方面，从渠道收集用户订单到制造商生产、制造商通过物流发货，周期较之B2C 渠道或电商平台直接拿货要慢得多。对渠道商来说确实节省了提前备货的成本，代价是无法为制造商提供稳定的需求预期，容易造成产能波动，导致品控和成本增加。另外，商品生产后由制造商直接发货的短链渠道模式，渠道专业能力和规模优势不足，服务质量难以得到保障，用户的体验也会下降，这个问题在当下大热的直播带货模式中尤为突出。

最后，上述三种模式的渠道定制，都是基于渠道利益的批量定制，并非消费者定制。例如刚才提到的天猫包下了14 个品牌的产线，这种定制的出发点仍旧是基于渠道对消费者的理解，而渠道需求和消费者需求两者天然就存在利益矛盾，所以不能完全将渠道定制与消费者定制等同。

（2）小B 优选

曾鸣先生在《智能商业》一书中，提出了S2B2C 模式，他认为这个概念是一个由B2C 到C2B 的介于中间的商业模式。它的整体逻辑是：S 是供应平台，C（客户）不是通过一个大B（商家）直接服务的，而是通过很多小B，小B 再利用S 的供应链平台完成服务。

我们将这种S2B2C 模式提炼归纳为“小B 优选”模式，小B 负责商品的筛选，再通过各自的渠道销售给客户，之前的大B 电商则由大平台变身零售服务商，服务于众多小B 渠道，由小B 直接连接客户。

之所以会发生这种转变，意味着大B 承认在消费者需求收集及匹配上的失败，并且选择了放弃。那么小B 可以解决这个问题吗？答案是不能，因为这与渠道的本质有关。

无论是渠道定制，还是小B 优选，甚至是淘宝承包生产线、考拉海购承包果园，都离不开总体“规模”这个概念。即必须在传统零售的总体流量规模基础上，商品和需求进行自然匹配，但匹配效果很难令人满意。

假设一个台灯在生产前有7 种颜色可选，通过调研分析，30% 的消费者选择白色，30% 的消费者选择黑色，选择了其他5 种颜色的累计占比40%。这种情况下，那传统零售一定会满足60% 消费者的需求，生产白色和黑色的灯，而剩下的40% 的消费者的需求不会被满足。

所以上述方式仅能满足同质化需求，随着消费者需求水平日益提高，个性化需求越来越多，不适配的情况也越来越严重。对传统零售而言，无论是B2C 还是C2M，有效需求不足、规模效益低下是一个无法解开的结。

传统渠道的双向不足

收集制造所需的信息并不是传统零售企业的强项，只有制造商更知道自己需要哪些信息：第一是市场销售数据，而且最好是时序数据，可以看到市场的总体趋势。传统零售擅长提供此类数据，如某些市场监测机构提供的月度市场数据。第二是消费者需求数据，包括潜在的、竞争对手的消费者需求、行为态度特征。制造企业主要是通过各种消费者研究方式获得。第三是产品用户数据，属于企业内部知识库的一部分，掌握此类数据可以在产品规划时确定新旧产品的关系，即新产品为互补型还是替代型。

只有明确了市场和用户需求以及新旧产品的关系，才能进行科学的产品规划，如果仅仅只有市场数据，那又谈何生产制造？所以现阶段很多电商平台大谈特谈C2M其实是个伪命题，单靠平台上收集的消费者行为数据，去指导制造企业进行产品设计和生产，是外行把制造这件事看得简单了。这样导致的结果就是传统渠道在信息协同和需求传达方面双向不足。

（1）传统渠道消费者需求识别能力不足

传统电商渠道首先在需求识别上存在不足，它们无论是在观念上还是实际的组织上都欠缺收集用户需求的主动性。渠道一直将自己定位为产品销售、推销的媒介，所以关注的重点始终围绕产品。在组织架构上，渠道多采用专业化、效率化的采销分离、以采定销的作业管理模式，往往导致负责采购的人远离市场，负责销售的人重销售而不重需求。

电商流量平台用“活”流量的思维惯性和做法，也会导致商品不断趋同，最终造成对用户的测试效应降低。所谓测试效应是指用户在购买和选择商品的同时，也会被圈定为测试的对象，以选择的商品为基础数据，来测量用户需求。例如，消费者在京东、淘宝浏览推荐商品时，用户的偏好、消费水平等特征都会被平台洞察。所以，当流量平台将用“活”流量作为流量运营的核心目标，通过弱化渠道、品牌、商品之间的差异，引导用户将对商品的关注点放在一些外在的商品特征上，如更低的价格、更大的包装类似的简单直观的判断标准，就会严重影响消费者的认知和决策过程，反而不利于发现用户真正的需求。

（2）传统渠道消费者需求传达能力不足

第一，渠道基于自身利益会主动制造信息差。渠道会比较相同商品的价格、相同价格商品的功能差，然后将这些信息传递给制造商，如果同一件商品在苏宁的价格比京东的价格低，那么京东的采销一定会通知供应商降价；如果一件同等价格的空调，海尔的功能比格力的功能多，那么渠道一定会让格力降价。如果放弃信息差，就意味着放弃定价权和眼前的利益。渠道从自身利益出发，就会主动制造信息差，就会变相增加消费者与制造商之间的信息传递成本，造成双方的误导。

第二，渠道基于自身利益会对需求信息进行垄断。由于渠道处于垄断地位，收集到一定的消费者需求信息后，会将其私有化，然后通过数据产品的方式销售给店铺获取服务费。品牌如果想获取行业数据，就必须向电商平台购买处理过的数据产品，对大型品牌来说这些成本可以算作开发的必要投入，但对一些小众产品和品牌来说都是很难越过的门槛，导致它们无法真正了解自己的用户并进行有效沟通，最终引发一系列供给侧问题。

实现C2M的关键：价值协同

C2M模式的本质就在于信息协同和价值协同，那么应该由谁来为消费者代言，谁有能力为消费者代言？而又由谁来完成价值协同？

通过之前的分析，我们认为传统零售中没有一个价值链角色能够完成用户侧的信息收集，且收集的信息量足以支持制造商对信息的需求，并能够通过价值链的协同机制，使价值链得以稳定运行。

要想真正实现C2M，我们认为具体可行的实现路径将是：B2C—C2S2M—C2M。

（1）过渡阶段：C2S2M

乍一看，C2S2M模式理论和曾鸣老师的S2B2C理论很相似，其实却大相径庭。因为这里的S并不是指零售服务商，而是指Scene（场景），我们将那些能够激发用户需求、影响用户消费决策的独立价值主体称为场景。

C2S2M模式之所以能够更好地识别用户需求、激发用户需求和提供决策支持，和场景的主要特征有关。

首先，场景的用户需求更真实、更精准。如果我直接问你对手机操作系统的需求，你可能很难表述清楚，但当你使用过某个操作系统后，你会更容易描述自己想要或不要什么，甚至还能告诉我如果改进哪些功能会更好。我们发现只有场景更加真实，对用户需求的理解和描述才会更加准确，这就是我们所说的场景化需求。

其次，场景互动更加轻松。在场景中你会发现有很多有着类似需求的用户，你的观点或需求并不孤立，这样你就更愿意表达和分享自己的需求，每一次分享以及得到同类的回应都起到了强化需求的作用。另外，场景的核心不是强迫用户购买商品，所以也减少了用户的压力。

第三，场景高度专业。场景推荐来自与你具有相似需求的用户，他们实际的消费体验和感受对你而言会更有价值。

所以，C2S2M 是场景与渠道融合的新物种，是C2S 和S2M 两种模式的融合。它以消费者为导向，通过场景帮助消费者有效地表达自身需求，再通过场景专属渠道，为消费者提供精准高效的购买和交付服务。

（2）最终阶段：C2M

很多人曾尝试解释B2C 到C2M 演化路径的某些中间模式，但却未说明这个中间模式是什么以及中间模式是如何最终演化到C2M 模式的，我们接下来就要讨论这个演化的过程。

从C2S2M 模式到C2M 模式，中间消失的S 去哪了？答案是，S 被由场景要素和用户需求训练出来的智能算法所取代了。

这里所指的算法是基于单场景到多场景再到全场景的用户消费行为数据，由此构建的全场景的需求与商品之间的匹配算法，其有效性远高于一切单场景的作用。这种新的连接算法替代了场景。场景专属渠道这种新的交付方式，替代了传统渠道的作用，在消费者与制造企业之间形成了密切无间的连接。

我们认为，实现C2M的三个核心环节是：

- 需求洞察与需求匹配

在各类用户需求场景中，我们通过人工智能不断优化需求与商品之间的匹配关系，以精准洞察用户需求。从单场景到多场景再到全场景，提高算法对消费者需求的感知能力和消费者需求与商品的匹配精度。

- 构建短链渠道

通过渠道零售能力基础设施建设，加强渠道资源整合，从而压缩供应链中的库存、分销、零售等中间环节，供应链效率和商品的交付效率极大提高。物联网技术将成为一个重要的资源整合工具。

- 柔性制造

充分利用制造产业群，提高制造业对用户需求的响应速度，实现个性化产品的低成本。

第四章

合建场景与渠道

想要提升供应链整合的效率，就必须解决信息协同和价值协同的问题，而解题的法宝就在于场景。场景是能够激发和识别消费者需求，帮助其完成商品信息收集、提供商品分析和购买建议的独立市场主体。在本章我们将通过分析场景与渠道融合的三个案例：小红书、茑屋书店、苏宁新生活方式体验店Hygge，归纳它们成败的地方，提炼值得借鉴的要素，从而推导出新零售下渠道与场景融合的正确方向和路径。

◎ 第一节　小红书的困境

最近这几年，一些应用场景流量的渠道已经逐渐成长起来，比如知乎、抖音、小红书等。我们想和大家重点讨论一下小红书，作为社区起家的内容平台，它在引流、决策方面对场景的切入堪称典范。

对90后、95后来说，小红书的受欢迎程度可不仅仅是“小红”而已。大量活跃用户每天产生数十亿次的内容分享，涵盖了美妆、护肤、时尚及美食、旅行等最高频生活场景的方方面面。

用户分享的体验心得帮助很多默默无闻的冷门产品、品牌、地点成了新的网红，小红书也由此得了“国民种草机”的称谓。

它的运作模式无疑是非常成功的，以年轻人的“兴趣”场景为切入点，通过提供丰富的内容逐步吸引流量后，再通过提升分发效率，优化用户的互动（评论、分享、关注、点赞），打造具备行动力的社区场景。

内容平台发展到一定规模总归是要谈变现，小红书也不例外，它一直在探索变现的盈利方式。当下内容平台最显而易见的变现方式有两种，分别是广告和电商，小红书都已经涉足。

纵观小红书的发展，自从2013年6月在上海成立，不长的7年时间里已经历了三次转型。第一次转型是由内容平台通过广告模式变现；第二次转型是逐步放弃广告业务，以向电商为主的零售能力转型；第三次是在阿里领投后逐步回归内容平台向新零售的转型之路。

从转化的角度来看，小红书可以称得上具备了最佳变现条件，但是到目前为止，我们看到成效并不尽如人意，让很多人百思不得其解。对这个问题的解答，将是我们从零售角度对小红书进行分析的重点。

第一次转型：通过广告模式变现

最初，小红书以国外购物攻略为切入点，发展成分享社区，在当时国内海淘存在较严重的信息不对称问题时，有效满足了国内消费者对于国外购物信息的需求，所以逐渐积攒了大量的具有参考价值的购物笔记，在内容资源积累阶段打下了坚实的基础。

关于各类产品的评测内容，皆是最贴近用户生活需要，且具有极高的黏性，所以小红书积累了上千万的社区用户。这样高聚合黏度的生态也催生了很多粉丝体量不一的达人，这些关键意见领袖发挥的引导作用，又进一步帮助小红书完成用户资源的积累。

口碑营销自古以来便是线下经济生存的根本、制胜的法宝，对很多传承百年的连锁老店来说，更是如此。小红书恰恰抓住了传统商业模式中极为关键的要素，复用在了互联网商业业态上，这正是小红书大放异彩的原因。

当具备了一定的高黏性粉丝流量后，小红书也顺理成章地采用了内容平台最常见的变现方式——从内容跳转到第三方商城，通过广告变现。

百度、今日头条是这方面的老玩家，经常在浏览中插入广告进行跳转。这种盈利方式虽然稳定，但因为广告位相对固定，毫无节制地新增广告位又会降低用户体验的质量，所以从长远来说边际收益的提升空间非常有限。

随着流量逐步加大，企业营销也纷纷抢滩小红书这块流量宝地，再加上后来网红经济的盛行，原本单纯的口碑分享逐渐掺杂了很多的商业气息。

小红书头部的达人KOL（关键意见领袖），还有数量庞大的中部及素人

KOL成为品牌新品上市时海量铺发的营销矩阵。当好评、成交量和流量都可以靠金钱去运作，头部小红书的口碑营销就逐渐变得不那么灵验了。

前面说过，“口碑”是小红书的立身之本，如果能一直保持，则会在内容领域保持较长时期的竞争优势；如果好名声被铜臭味腐蚀，那么其兴也勃焉，其亡也忽焉，会有丢失原有特质，沦为普通电商的可能。

第二次转型：尝试电商业务

所以2014年年底，在充分意识到广告模式的瓶颈后，小红书开始涉足电商业务。上线了垂直电商平台“福利社”，采取B2C自营模式，把海外购物分享社区与跨境电商相结合，创造了社区电商模式。陆续在29个国家建立了专业的海外仓库，在郑州和深圳的保税仓面积甚至超过5万平方米。

这一步转型，其实非常具有战略前瞻性。用户在购物分享社区中，会迅速提升对商品的认知，继而自然地产生购买欲望，需求又会驱动着他去寻找渠道购买商品。这时候，如果跳转至淘宝、京东等平台，显然用户的消费体验就欠缺了连贯性。

而小红书天然就是个极佳的消费决策入口，如果自带电商平台，就能直接通过电商变现，商业模式可以形成闭环。况且小红书原本就以境外购物的分享起家，与跨境电商的出发点天然吻合。所以从本质上而言，小红书是一种场景自建渠道的变现模式。

通过自建电商渠道，小红书将场景和渠道有机结合，渠道流量完全来源于场景流量，因而具备两大特质：

一是内容来源丰富，在小红书中，用户不仅可以看到明星推荐的商品，也可以再通过搜索其他用户的反馈进行综合判断。

二是提升决策效率，小红书多维度的商品信息，可以帮助用户搭建结构化的信息认知，从而帮助增加决策效率，这是小红书最核心的使用场景。

按理来说，小红书的内容场景与跨境电商模式十分匹配，甚至我们认为，小红书的场景渠道模式会是未来零售最普遍的一种商业模式。但是小红书的电商业务迄今为止并不能称得上成功，关键的问题就在于，小红书缺乏电商运营尤其是跨境电商的基因和经验。

（1）自营跨境电商的专业性不足

经营跨境电商的门槛非常高，自营电商作为一项重资产投入业务，需要长时间、大规模的投入，这也意味着企业必须担负长期且巨大的亏损，看看当年的京东就知道了，而这是喜欢赚快钱的创业公司和其投资人都不愿意看到的。

此外，跨境电商业务的第一个挑战就是后端供应链能力的建设。小红书在起步阶段并未形成自有产品供应链和物流体系，虽然对外宣称建立保税区，与国外品牌合作实现直购，但提供的产品种类和数量都非常少，不能满足核心用户的消费需求。

而且，电商团队规模当时也没能跟上市场需求，只有几个人维护售后，没有建立起一个包含退货、退款的完整售后服务体系，致使其在周年庆大促时状况百出，严重影响了消费者的信任。

我们知道，跨境电商的渠道大致有三种：

第一种渠道是品牌方直供。相当于渠道直接从品牌方拿货，这当然是最好的方式，基本能有效保障正品。但是大部分的品牌主要负责设计、生产和品牌营销，而渠道建设一般交给代理商，所以大多数都是下面说的第二种情况。

第二种渠道是从代理商拿货。如一个代理商拥有中国大区的独家经营权，那么无论哪个渠道都要从这个代理商处拿货。这就多多少少会出现一些猫腻，一些二三线的不是顶级出名的品牌，代理商为了更大限度获利，掺杂假货贩卖也是有可能的。不过这种模式，基本上也能保证正品率，最可怕的是第三种模式。

第三种渠道是二级代理、代购等。在海购业务中这种方式非常常见，好比一个力量薄弱的渠道想要与品牌的独家代理合作，而代理说已和考拉海购签约了独家，那么小渠道只能通过找二级代理商甚至直接找代购的方式拿货。而这种模式对于商品品控的能力势必不会太强，假货横流也就不足为奇。

所以，除了品牌方直供以外，其他的渠道很难保证没有假货。这种情况下，渠道能力越强，理论上货源越好，而任何一个内容平台的出货量，短期内都很难和淘宝、天猫、京东、考拉海购相提并论。所以大量海淘平台假货事件频出，纷纷倒闭，小红书撑到现在已是不易。

（2）自建渠道供应链的能力不足

面对货源不能满足用户需求的情况，小红书在2016年推出了平台模式，开放第三方商家入驻，由自营渠道向平台转型。

然而渠道型电商和平台型电商是两个截然不同的行业，好比淘宝和京东在用户看来都是电商平台，本质上却大相径庭！自营通过自建供应链渠道赚取进销差，平台却是通过对商家管理、流量运营来赚取广告、服务费。

在一个渠道为王的年代，谁都想做渠道，谁都想成为流量平台，但这二者本身极难兼容。阿里始终牢牢占据电商企业榜首，但也只专注于平台业务，自营业务只有天猫超市和天猫国际，并且天猫国际的供应链能力并不强劲。而京东和苏宁主打自营，但是PoP店（非自营店铺）的数量和淘宝无法相提并论，平台业务并不强悍。

小红书相比阿里平台的影响力、经营能力更是望尘莫及，只能简单地引入店铺扩充SKU，很难做平台级的店铺运营。此举虽然极大地丰富了平台产品的种类和数量，但由于对供应商的管理经验和能力都不足，导致其假货纠纷频出。所以平台化战略可能有价值，但是绝对价值有限。

特别是在2016年，国家发布了《关于跨境电子商务零售进口税收政策的通知》，规定跨境电商零售进口商品将由原来征收的行邮税改为由关税、增值税、消费税组合而成的综合税负，这又给跨境电商行业带来了新一轮的洗牌。

大批的跨境电商倒闭，包括曾经处于第一梯队接近C轮融资的知名跨境电商平台蜜淘，此政策也给小红书本就不乐观的跨境电商业务带来巨大的冲击。

第三次转型：ODM和线下门店的摸索

随着流量成本、运营成本、监管成本越来越高，小红书从涉足电商业务以来，一直处于亏损状态，不免急迫地寻找新的盈利点。2018年小红书开拓了自有品牌“有光”，产品涵盖卧室、厨房、浴室、美妆、出行等用品，以期增加收入和利润。

“有光”品牌的定位很大程度上参考了网易严选的OMD（Original Design Manufacturer，原始设计制造商）路线。ODM是指制造商设计出某个产品后，被另外一些企业看中，修改后或直接贴上后者品牌进行生产。其中，承接设计制造业务的制造商被称为ODM厂商，其生产出来的产品就是ODM产品。

但无论是网易严选、小米优品、淘宝心选还是京东京造、苏宁极物等，都存在同质化严重的问题。同样的商品，改个颜色和logo，就成为新品，对消费者来说无法形成差异化竞争优势。

其实OMD 这条路未必是错。由于国内的制造能力基础设施建设完善，这条产业链已相对成熟，由制造商到平台到消费者的路线，砍掉传统中间营销环节及品牌溢价，实现让利消费者的模式被多方接受，平台商拥有自己的ODM 产品非常正常。

但是，这种模式目前同质化非常严重，如果想要增加独创的设计就必须拥有自己的设计团队，还要增加制造成本。不仅仅是单纯的人力和资金投入问题，熟悉制造业的朋友应该都知道，从0 到1 打磨一个新品到上市，内在环节有多么复杂。所以对小红书来说，想要设计制造，不专业，不设计制造，同质化严重，进退两难。

开设的线下体验店RED home 也没能逃脱前辈们纷纷沦为“展览馆”的下场，即便SKU 超1000 个，有很多包括乐高区、扭蛋机、娃娃机、冰淇淋小店、打卡拍照的体验交互场景，AR 试衣、试妆等黑科技引流手段也应有尽有，但变现能力非常差，在2020 年元旦，两家体验门店均已停业，宣告了小红书线下之路的终结。

在现有趋势下，虽然线下经济被线上冲击得千疮百孔，对线上零售商来说入局的机遇非常大，但无论是对成本投入还是运营经验的要求都非常高，连阿里和京东到现在都没有成功的线上涉足线下的案例，对小红书而言，将线下业务做得专业就更难了。

第四次转型：回归内容平台向新零售转型

在经过几年的茫然摸索和连连撞壁后，小红书终于逐渐认识到自身优势所在和先天的不足。不再将主要精力放在不擅长的零售业务，而是回到初心，建立一个更强大的内容生态系统。

2018年6月，小红书裁撤了电商部门近半的员工，从约500人缩减至200余人。我们不认为这是对2014—2018年间电商探索的全部否定，因为同时段，小红书获得了阿里领投，腾讯、K11等跟投的3亿美元融资，这未必不是一次内容平台与零售结合的新的出发。

随着受到来自今日头条、抖音、快手、趣头条等内容流量平台越来越强势的挤压，小红书势必要借助内容优势实行增长战略。

先是推出了“创作者123计划”，打造品牌合作平台、好物推荐平台和互动直播平台，从创作者中心、活动和产品三方面帮助创作者沉淀私域流量，回归内容社区。

品牌合作平台，通过创作者公开透明报价、品牌方线上下单、创作者接单及支付、交易双重确认、多维度投放数据分析等过程，实现高效连接品牌和作者的广告投放全流程，避免了信息传递的阻隔。

好物推荐平台的逻辑，是小红书作为场景渠道转化优势的最佳体现。通过该平台，创作者在笔记页面添加商品卡片，粉丝可在阅读完推荐后一键下单，实现了在一个页面完成种草到购买的全链路。用户始终在一个场景中，减少了消费决策的犹豫空间。并且创作者可以直接获得销售分成，有利于刺激内容创作的活跃性。

针对之前的网红素质良莠不齐的问题，小红书也推出了“小红书MCN共创计划”，携手百家MCN共建真实、优质的达人体系。

我们看到，虽然小红书此前的零售之路未必称得上成功，但却是对场景变现的重要探索。随着其逐步认清本质，回归内容平台这个老本行，并与阿里这样的强零售平台合作，我们认为这才是未来场景的出路——专业的人做专业的事。小红书将内容平台的运营做到最好，至于卖东西，交给更专业的盟友吧！

◎ 第二节 网红书店为什么红

线下书店真的没落了吗?

你有多久没看书了?你有多久没买书了?你有多久没去过书店了?

这三连问，相信扎了很多人的心。阅读书籍对当代的成年人来说，是件越来越稀罕的事，据说中国人每年看的书平均为4 本左右，远低于其他国家。

尽管小时候我们都经常泡书店，并且攒零花钱去买书，从经济看到历史，从文化看到政治，从散文看到小说，但伴随着学生时代的结束，对逛书店的热情也一路滑坡，取而代之的是常去影院、商场和网吧。

抛开视频、影视、游戏等多媒体内容对图书阅读的影响，踏足书店的人越来越少还有一个重要原因：线上书城的冲击。

越来越多的人喜欢在线上书城购物，因为线上渠道比实体书店多了以下几点突出优势。

首先，线上书店比线下书店具备更丰富、更多元、更齐全的专业书籍。对步入社会的成年人来说，受限于自由时长，工作后的阅读需求更聚焦在与岗位相关的内容，专业性更强、领域更深，比如一个科技行业从业者，购买的书籍绝大多数会是云计算、大数据、架构等相关的专业书籍。但是这些书在实体书店里肯定不如电商平台齐全，特别是新上市的图书一般不会立即出现在规模小的书店里。

最核心的一点在于，线上图书价格远比线下便宜。实体书店一般按照标价销售，而线上则基本八折优惠，价格方面的竞争劣势一览无余。特别是图书不像快消品类具备时效性，同样是可乐，虽然电商平台比便利店要便宜至少20%，但是便利店立即可得，而图书等上几天再看却无所谓。

体验的差异对实体书店来说也是一把双刃剑。一方面，在书店里悠闲地逛选书籍的体验确实很好，用户可以在实际翻阅内容进行深度了解后再决定是否购买。另一方面，这也往往导致很多人在看完核心内容后就觉得没必要购买了，特别是某些故事性书籍。但是在线上平台，书籍必须购买后才能看到全部内容，很好地保持了神秘感。

在图书的评价和推荐方面，线上书城也具备了先天优势。我们在书店买书，面对高高的书墙，很多时候无从下手，检索起来漫无目的。书店的主动推荐功能更多体现在畅销书区域，但此区域书籍的选品受潮流趋势和店主个人品位影响太大，无法满足用户的个性化需求。而线上渠道则有效积累了大量的书评，更有豆瓣这样专业的书影音推荐社区能够提供参考建议，从而引发用户的阅读兴趣和购买兴趣，并引导其进行购买决策。

所以综上所述，线上渠道的书籍销售种类更齐全、价格更低廉、决策更高效且避免用户免费使用，怎么比较都是线上卖书更具优势，所以线下图书市场受到冲击也是无法避免的问题。

近些年，我国实体书店普遍呈现出生意惨淡的低谷状态，很多寄托了当地人文化精神地标的书店都宣告关门，让人扼腕不已。书店行业是否真的是到了日薄西山的时候，引发了很多人的担忧。

日本的一家书店让大家看到了希望。

茑屋书店的自救

茑屋书店，是网红书店鼻祖之一，被评为世界最美的书店之一，在全世界拥有超过1400家分店，日均人流量破万，每月销售额破亿日元(折合人民币约600万元)。在全世界书店都生意凋敝的情况下，茑屋书店何以能一枝独秀？

茑屋书店率先以“书+X”模式构建体验场景，用设计、服务、感知来营造亲切感和共鸣，的确是做到了对“新零售”人、货、场的重塑。

（1）生活提案：主题区域构建生活场景

不止于卖书，茑屋书店以围绕用户生活的场景为主线，以图书为核心，进行商品的组合和延伸。

书店并没有从品类角度按书籍区和其他商品区进行分隔，而是规划主题，将相同主题的商品和书籍摆在同一个区域，使客人在浏览书籍的同时随手就能购买相关商品。比如食谱书附近就能买到牛奶、拉面等食材，旅游书附近则陈列着旅行箱、水杯、一次性毛巾等旅行用品。

书籍的内容本身就和生活紧密相关，再通过主题区域构建的生活场景，使阅读和生活更浑然天成地融合在一起，通过对书籍内容的阅读延伸到对生活方式的追求，再到对相应商品的购买，形成了一条从需求产生到购物行为的闭合流程。

作为日本第一间提供咖啡服务的书店，茑屋书店的咖啡厅提供咖啡和点餐，书籍可以带到这里边用餐边阅读，虽然有可能会造成书籍某些程度的毁损，但茑屋书店的理念是用书籍把人带到这里，要使消费者体验阅读的快乐，所以这种模式让很多人在店里一待就是一整天。

（2）千店千面：构建不同体验的阅读场景

茑屋书店不同于其他连锁门店千店一面的方式，而是基于地域文化差异，实现“千店千面”，让每一家书店都能为不同读者创造各异的生活体验。

最早设立的代官山店，让茑屋书店被冠以全球最美书店的称号。从涩谷区闹中取静的门店选址，到使用汉字“茑屋”作为店名，到上午7点就开始的营业时间，再到提供早餐以及录像带转录等服务，代官山店营造的一切场景都是为了迎合目标客群：50～60岁的中高产群体，他们社会财富积累较多，生活品质高，对书店拥有念旧的情怀。

位于北海道的函馆店，定位是“三代人的书店”。为了能够吸引三代人一起进入书店，着重构造家庭和社区的场景氛围。不仅书屋的生活场景延伸到旅行、料理、生活、历史、人文哲学、宇宙科学、艺术、儿童艺术、设计9个主题，还设置了儿童乐园供孩童嬉戏玩耍。店内还设有独具北海道本地特色的火炉，给读者营造了一种在漫天飞雪中围炉读书的浪漫场景体验。

（3）专家导购：构建重服务

经常逛书店的读者，一般文化修养较高，对信息敏感程度高且有不低的品位，他们不会轻易相信广告，而更相信自己的判断。所以通过互联网大数据分析来预测消费者行为再进行产品推荐的功能，无法满足这部分人群的需求。

茑屋书店聘请了专家级导购代替普通图书推销员，他们都是来自各个领域的专业达人，比如文学类图书的导购是文学评论家，旅游类图书导购是撰写了很多旅游指南的旅行家，还有美学专家为书店的进货品类、商品摆放、活动策划进行专业规划。

导购推荐的不仅是书，更是茑屋书店所倡导的生活方式。书籍、装饰陈设、人文活动所营造的氛围，使得用户自然滋生了对知识的敬畏感和一并产生的精神满足感。对消费者来说，茑屋书店已经不仅仅是一个卖书的渠道，更是一个文化输出的全场景。场景中每一位用户都被看作一个独立、复杂的个体，并提供宽松的环境使其能够自然表达。通过发现和归纳不同的个体需求背后具有的共同动机，指导书店在需求层面和产品层面实现创新。

这就好比喜爱歌剧的用户，大概率也会喜爱交响乐和芭蕾舞，与此同时他也有可能会喜爱设计或建筑类图书。基于上述种种线索动机，茑屋书店认为这些用户对那些具有内在复杂结构且可被精确控制的事物的美感具有兴趣。

围绕这些具备细分差异但整体基调类似的获取知识的需求，茑屋书店提供了包括图书、讲座、展览、书友互动等不同类型的解决方案，再通过“创造”出一些需求，也就是拓展渠道的新SKU类目，来实现“渠道产品”的延伸。

所以我们认为，茑屋书店是图书渠道自建场景的典范。

自建场景对图书渠道的作用

前面我们说到过，书籍其实是极度适合在线上销售的商品，为什么图书渠道内却出现了自建场景的现象，而不是3C、数码等品类的销售渠道内出现自建场景，这是个非常值得探讨的问题。

实际上，这和渠道销售的是什么无关，而和渠道的聚焦程度密切相关。聚焦程度高，就意味着要放弃品类规模扩张的冲动，成为专业化的商品服务提供商，在特定场景下提供更优质的服务。书店正是因为聚焦在非常垂直的领域，才有可能做到有针对性的场景自建。

所以并非所有渠道自建场景都会成功，比如网红超市、网红电器店、网红便利店等，由于其场景特征，用户不会在店内停留过长时间，服务的投入、价值就很难体现。

图书渠道自建场景，是实体书店自救的一道曙光。越来越多的书店受到茑屋书店的启发，进行了一些有益的变革“渠道产品”的尝试。国内一批传统书店也逐渐在改变，比如先锋书店、西西弗书店、方所书店、万象书坊等。

它们拥有独特的装修风格，开设咖啡区、主题阅读餐厅、文创产品区、活动区等社交区域，丰富书店业态，延长产品线。还通过举办一些文化活动诸如邀请作家举办签售会、讲座，在书店渠道内构建场景，打造公共文化空间，由此一跃成为网红书店。

自建场景给书店带来的收益不仅仅是口碑，还有人气，还有产品库存周转率的提高。这是线下零售非常核心的指标，是指某一时间段内库存货物周转的次数，周转率越高就是卖得越好。

（1）通过场景提高供需匹配和转化效率

很多人去先锋或者西西弗书店还是会买书，即使明知网上的价格比这里便宜得多。因为当他们沉浸在书店场景中，图书已不仅仅是销售的商品，同时也是构建场景的核心元素，用以激发用户对其他商品的需求。

就像人们看电影时，影院搭配贩卖爆米花和可乐，挣的钱可能比电影票本身更多。所以网红书店书籍销售的比例可能与饮品、周边、举办活动的收入比例差不多，这也是渠道构建场景非常正常的现象。

（2）减少图书商品数量

书其实是一种复杂商品，购买决策过程相对比较复杂。只有“读过”才能知道要不要买，这个过程需要消费者耗费不短的时间，并且需要经过沉浸式的选购、使用。

传统书店图书的数量一般会超过2000个SKU，而网红书店基本不会超过500个SKU，它们更倾向于针对场景提供优选图书，降低消费者的选择困难。例如先锋书店基本只有人文、社科、艺术这三个领域的图书，这种商品的筛选不仅符合书店的理念，也会让消费者更有精神的共鸣和代入感。

（3）提供围绕场景的非图书类商品

非图书类商品的库存周转率通常都高于图书类商品，提供围绕场景的非图书类商品将提高渠道内图书商品的平均库存周转率。曾经和朋友们一起讨论过关于书店内消费的有趣心理。如果说书的使用价值在于读，那么书其实是用户无需购买也可以使用的商品，或者购买前就可以使用的商品，所以先前很多大型的实体书店就沦为了“图书馆”。

网红书店和普通书店最大的不同就在于，前者提供的是空间服务，后者提供的是图书商品。类似星巴克提供的第三空间服务，不同的是星巴克顺便卖咖啡，网红书店是顺便卖书、饮品、甜点、周边，却都是以间接的方式为服务买单。网红书店提供的舒适氛围环境，让很多人在翻书时有种不劳而获、占便宜的羞耻感，往往会出于“补偿”心理购买一份饮品或甜点。

所以，图书如果化身场景元素，那么它就给书店产生了相应的衍生和附加价值。如果仅将图书单纯视作一件商品，那么书店与电商平台相比毫无竞价优势。

随着消费升级，人们对于服务的需求和要求越来越高，但直接为服务付费的意愿却没有见长。所以商家必须学习网红书店，通过其他间接的方式体现服务的价值，这对渠道的业务整合及运营能力都提出了较高的要求。

◎ 第三节 Hygge 店，零售新基建的启示

Hygge 是什么?

2019 年，苏宁在南京徐庄总部的办公楼内试水第一家新型的零售业态——Hygge（呼嘎）店时，就连绝大部分员工也都不知道Hygge 的含义。只有极少数偏爱北欧风格的人知道，它定义的是斯堪的纳维亚人几个世纪以来

信奉的一种生活哲学。

"北欧风"近年来在全世界范围内都深受欢迎，我们看到很多复合木板做成的结构简单、白色为主的家具，只要贴上"北欧风"标签就能大卖特卖，导致无数人都形成了"北欧风就是性冷淡、极简"的刻板印象。

事实上，最地道的北欧生活境界是"Hygge"，北欧设计师经常用这个单词来形容他们的设计，大致意思是"欢迎、舒适、安慰、温暖"。同时，它也被冠以很多其他的称呼描述，包括"创造亲密感的艺术""灵魂的舒适感""从疗愈抚慰的事物中获得快乐""点燃的蜡烛边上的一杯可可"。

斯堪的纳维亚地区气候寒冷，全年将近一半时间都在下雨，却被评选为"全球幸福指数最高"的地区，因为当地的人们擅长从每日生活中找寻幸福。不仅仅是提升生活品质感的暖炉、木柴、红茶、羊皮拖鞋等物件，更强调的是从自己珍爱的日用品，以及和喜欢的人共度的时光中所感受到的意义。

这也是在现代人越来越忙碌、生活枯燥无趣的状况下，苏宁未来零售想要带给用户的一种美好体验，由此诞生了"Hygge"生活方式体验店。

苏宁Hygge店是以苏宁小店为原型，从用户需求的感知出发，整合了苏宁全业态的零售服务和体验所打造而成的综合零售体验店。主要从三个关键词的角度去定义。

- 延伸

苏宁Hygge店的未来规划是开在一二线城市用户步行可及的地方，实现从工作场景到生活的延伸，全场景覆盖用户的各类需求。

- 模块

苏宁经过30年的零售发展，构建了"两大两小多专"的全品类全业态全场景的零售。通过大数据洞察用户的高频需求商品和服务，苏宁将消费品零售、无人便利、轻餐饮、咖啡、鸡尾酒、图书、母婴、综合服务等多个模块集中到Hygge 店中，提供最高效、有品质的购物选择。

● 社群

Hygge 店希望营造一个适合所有客群交流沟通的氛围，为大家提供舒适的聚会场所。开放很多活动，比如读书会、分享会、亲子活动等，通过各种主题活动，让有共同爱好的人聚到这里来，一起享受温暖的“社区”生活。

苏宁Hygge 店的七大场景

根据用户不同的需求进行延伸，苏宁的第一家Hygge 店，调用不同的能力组件形成组合化的场景模块，目前共形成七大场景模块。

（1）场景模块一：无人店

为了满足用户的便捷购物需求，Hygge 店里融入了苏宁最新一代的全数字化视觉无人店“Suning Go”，用户在无人店购物只需要三步：走进去，拿上想要的商品，然后走出来。

Suning Go 利用“视觉识别+ 重量感应”系统精准获取商品信息，消费者从货架取下的商品时即自动加入虚拟购物车，放回商品时则自动清除。利用AI 人脸识别技术，消费者出店时闸机自动开门放行，同步系统提交购物车清单完成扣款，且支持单人单账户、多人单账户等支付方式；消费者可以任凭喜好随意在货架上拿取商品，放回的物品从虚拟购物车中删除。曾经烦琐的排队、付款等流程，全部被简化到了系统后台，实现了让消费者即拿即走。

（2）场景模块二：餐饮区

餐饮区是Hygge 店最核心的区域，设立在门店的中央地带。食物价格贵、口感不佳是很多主题门店的通病，而Hygge 店的餐饮品类却都经过精挑细选，聘请的主厨顾问来自上海苏宁宝丽嘉酒店，口感和品质都达到超高水准。

Hygge的餐饮服务不仅能满足消费者的不同用餐需求，包括上班族工作间隙的午餐、好友聚会的下午茶、一家三口的周末大餐等。餐饮区还可以连接店内所有模块，比如父母带着孩子一起来，那么大人可以在中央地带的餐饮区用餐、喝咖啡，孩子则在旁边的儿童区玩耍，或者在阅读区看绘本。

第一家Hygge店的餐饮区中央专门设置了一个人造“篝火”，点题“北欧”风情，北欧浪漫主义风格的舒适桌椅都是出自知名设计师之手，顾客用餐时听到的音乐也都经过精心挑选，旁边极物区传来的香氛也沁人心脾，再加上美食佳肴带来的味蕾享受，将餐饮区打造成“Hygge五感”理念的集萃，致力于从嗅觉、听觉、视觉到触觉、味觉让用户陶醉。

（3）场景模块三：吧台区

Hygge的吧台区域售卖来自全球各地的优质酒水，比如来自比利时的啤酒。而为顾客提供餐饮服务的，除了服务员还有苏宁研发的机械臂，可以在90秒内做一杯咖啡、60秒调制一杯鸡尾酒。这是苏宁希望借助最新科技为消费者创造无缝、无忧体验的典型表现。

（4）场景模块四：密室区

由于第一家Hygge店开设在总部办公楼，为了满足员工工作和举行小型会议、小型沙龙的需求，特别设计了“密室”。之所以如此命名，是因为在无人的情况下，会议室外观就是一块透明玻璃，一旦有人使用，它就可以通过感应变为不透明，完全保证了会议室的私密性。未来密室将会成为Hygge在CBD店的标配模块存在。

（5）场景模块五：图书区

Hygge店的图书区域是一整面半圆弧状的书墙，和网红书店言几又合作打造，科学调试的灯光、精挑细选的书籍，以及前排设置的舒适软垫，给人提供放松精神的空间。未来图书区域会根据不同的门店，匹配差异化、个性化的用户特点，挑选不同组合、品类的图书进行展示和销售。

（6）场景模块六：儿童区

出于满足全客群的考虑，Hygge 店内还叠加了儿童区域，是苏宁红孩子业务模块的展现。未来在Hygge 的CBD 店，同样会考虑这个模块叠加的可能，甚至还会叠加儿童游乐区。在这个区域里可以举办亲子读书会、小小爬行家等活动，让Hygge 成为家庭以外另一个增进亲子关系的线下场景。

（7）场景模块七：极物区

在Hygge 店中还容纳了苏宁极物板块，苏宁极物是苏宁自己的ODM 品牌，为用户提供高质量、高颜值、高性价比的商品。而Hygge 店中的极物商品，是通过大数据选择出的最受欢迎的品类。

上述七大场景模块仅是苏宁第一家Hygge 店的组合尝试。根据苏宁的规划，未来Hygge 店可以根据不同的选址、不同的面积、不同的用户需求，将这些模块进行匹配与重组，打造出品质高度一致、风格却独一无二的门店。

未来零售基础设施

Hygge 并不仅仅是一家另类北欧风格的场景体验店，还是苏宁对未来零售的一种探索与尝试。

在零售行业，门店的衰退是个老生常谈的话题，千篇一律的同质化门店早已无法满足当下消费者的需求。原本就遭受线上电商的冲击，2020 年又经受了一轮疫情的损伤，绝境求生是行业一致的努力方向。

而线下渠道往场景体验化方向改造，是近年来普遍的共识。未来，线下门店一定不是主打商品陈列的渠道专卖店，而是主打场景体验店。正如苏宁Hygge店，消费者在原木家具、篝火、极光等体现Hygge风格元素的场景里，吃饭、品酒、下午茶、看书，在喧哗的市区体验北欧的悠闲情调，追求的是斯堪的纳维亚半岛的生活方式，而非简单的商品购买。

但说起来容易做起来难，零售业发展迅速、形态更迭多样，构建难度非常大，对传统门店而言经营得当已非易事，更何况谈业态创新。

（1）传统门店的经营模式

现阶段我国的线下门店无非是加盟和自主开店两种模式。

第一种是加盟模式。我们看到品牌专卖店都是标准化和统一的装修风格、商品品类、服务内容、活动，抛开店面位置、大小和人员的经营能力，基本千篇一律。北京和南京两地的优衣库有何不同？同样是在南京市，新世界百货商场的优衣库和德基广场的优衣库有什么不同？几乎没人能回答得出来。

加盟模式的优点是运营相对简单，无论是进货、调货、售后还是管理都形成一套完善的体系，甚至连线下活动和线上小程序、公众号运营都有统一的标准和玩法。店主只需要按照既定体系去做就行，精力可以聚焦在销售上，不用考虑太多管理问题。而缺点也显而易见，体系的成熟就代表一定程度的固化，想在加盟店基础上进行较大的创新型尝试几乎没有空间，店主更偏向于执行，自主权相对不足。

第二种是自主开店模式。这种模式主要依赖于店主的主观意愿和资源导向。倘若经营者拥有海尔的供应链资源，就可以自己经营一家海尔的电器专卖店；如果想经营服装，就可以开家潮流服饰店。优点是自主性高，门店可以完全按照经营者的意愿布置和运营。缺点是从门店的装修设计、选品对接供应商到门店实物管理、店员管理、IT 建设等工作，都必须经营者亲力亲为，所以门店业务的好坏和经营者的能力息息相关。

但是，门店经营的任何一项业务都极具专业性，如果只精通其中几项，很难面面俱到，一个疏漏很容易导致满盘皆输，这无形中也提高了开店的门槛。

我有过多年的旅韩经验，曾经试图在南京开一家济州岛风格的体验店，销售济州岛的独特元素、特产、美食。对于店面的装修、陈设我非常自信，但问题的关键在于，刚开始我不懂零售，更缺乏资源。

我发现如果要做餐饮业务，就要考虑生鲜的供应商选择，做好进货、入库、加工等作业，面向消费者要考虑点单、收费等一系列能力建设。在零售区，要提前做好选品，并且基于商品寻找供应商，之后还要和供应商洽谈、签合同，并考虑收发货、退换货、货物盘点、门店陈列、门店销售等一系列问题，至于后续的门店运营更是一门深奥复杂的学问。

最终我放弃了开店的想法，如果不懂完整的零售逻辑贸然入场，可能因为经营流程太复杂、成本也太高而失败。特别是在消费升级的当下和未来，用户对零售商的能力要求会越来越高，低水平的玩家将陆续出局，商家都迫切希望精通零售全盘逻辑的专家援助。

（2）未来零售新模式：个性化场景+零售基础设施

谁能称得上是零售行业的专家？渠道。

苏宁、京东这样的头部渠道，经过几十年的发展，积淀了版图完整的零售能力。除了基于自身业务差异，存在一些特定、专有的零售能力，像供应链、IT、实物管理等能力，几乎是所有门店都需要使用的。

我们不禁联想到交通、邮电、供水供电、文化教育、卫生事业等基础设施建设，它们是一切企业、单位和居民生产、经营、工作和生活的共同物质基础，是城市主体设施正常运行的保证。特别是近来国家大力部署“新基建”战略，包括5G基站建设、特高压、城际高速铁路和城市轨道交通、新能源汽车充电桩、大数据中心、人工智能、工业互联网等领域，就是为社会提供数字转型、智能升级、融合创新等服务的基础设施体系。

那么对零售业而言，供应链、IT、实物管理等能力也就像是一种公共服务能力。新零售的未来，是否也可以将零售最基础的公共服务能力，抽象形成面向经营前端的能力组件，供经营者组合调用，赋能全行业快速转型升级？

Hygge店就是苏宁对上述问题的答案。Hygge店是利用苏宁零售基础设施的典型案例，基于不同的场景需求，调用不同的零售能力模块形成场景模组，例如：供应链能力，包含商品规划、选品、供应链管理、供应商协同等能力；门店数字化能力，包括实物管理、POS、电子价签等门店能力；会员营销能力，包括会员标签、人群标签、精准营销、私域流量运营等与“人”相关的能力；第三方能力，即部分专业化、行业化的能力通过外部能力提供，如ISV（独立软件开发商）提供的优化选品等能力。

这些还仅仅是面向经营前端能力的一部分，背后还隐藏着来自大中台的能力支撑，如交易中台、商品中台、财务中台、供应链中台、大数据中台、AI中台等。基于零售能力模块的拼接组合，可以快速形成一家Hygge店的经营模型。

这种模式将彻底颠覆现在的门店开店模式！未来，大型渠道将成熟的零售能力整合成为零售中台，提供开店所需的各种资源和能力，如供应链、IT、物流、金融、门店数字化等。这样，渠道将由零售商转变为零售服务商，提供零售基础设施。而前端经营者利用零售中台提供的各种模块化组件搭建形形色色的专业门店，他们的所有精力都只需要用于考虑消费者的需求，打造消费者需要的场景，为消费者提供最好的服务，而业务实现的问题就可以放心地交给零售中台。

渠道的运营者不再需要对接每个供应商，平台会提供一个巨大的商品池，店主只需要在其中选品上架。如果选品池中没有店主想要的某种北欧风木椅，店主仅需告诉平台自己的需求，再由平台去和品牌商谈判即可。

这正是Hygge店给新零售带来的启示：未来零售能力一定趋向于一种基础设施，就像拼积木一样，调用各种各样的模块搭建成不同的专业渠道，这就是S2B2C模式，最后形成细分，由专业的人做专业的事，共同支撑全行业高速发展。

第五章

把握近邻渠道

新零售的其中一个特性是，渠道应主动缩短与消费者之间的距离，我们将其归纳为“近邻渠道”的概念。所有渠道与场景的融合，或基于用户需求，或基于场景对渠道的改造，其目的都是缩短用户与商品的距离。

商超或综合性商业体，其自身功能也会随着与消费者之间的距离远近而出现分化。无论是商超还是其他形式的便利店，都应该贴近用户的需求场景来提供商品和服务，甚至将零售渠道变成一个服务用户的平台。我们试图从近邻渠道的三种不同类型：大型商超、商区便利店、社区便利店，去探讨国内实体业态的优化改造方向。

◎ 第一节 商超业态改造的方向

“渠道下沉”与“近邻渠道”

随着快手、拼多多的崛起，“渠道下沉”成为2019年零售行业最热的词之一。渠道下沉是指原本在一二线城市中销售的网络扩散开来，深入农村、基层。快手确实是近年来渠道下沉做得最好的App，而拼多多更是从市场方面证明三到六线城市拥有庞大的待开发消费群体。这类人群对生活精打细算，拥有很多的闲暇和兴致去拼团、砍价，是传统电商平台如天猫和京东很少触及的客群。

然而我们并不认同“渠道下沉”仅仅就是指从城市下沉到农村，甚至本身“渠道下沉”这个提法就并不恰当。我们更倾向于使用“近邻渠道”这个概念来取代它。

零售的本质是缩短商品与用户之间的距离，传统零售中渠道将商品从供应商那里运转到一级渠道、二级渠道等后续的多级渠道，最后交付给消费者。这种自上而下的树状结构，随着渠道深度、渠道层级的增加，虽然可以触及更远端的用户，但同时也意味着更高的渠道铺设成本和更大的渠道阻力。所以，新零售渠道希望更贴近用户，而缩短距离的方式无外乎以下两种。

第一种，将用户拉到电商平台上来。阿里、京东、苏宁、拼多多都是如此行事，拼多多只不过是将更深层次的用户拉到平台，其余并无特别之处。

第二种，用户不动，将商品推到其面前。这也正是我们认为的新零售与传统零售的最本质区别之一，即销售渠道从原来的坐等用户上门，到直接上移至场景并提供“近用户”的渠道服务。

那么，果农将水果从产地直接装车运到销售地，于是你在自家楼下就能买到产自千里之外的水果，这就是我们所说的“近邻渠道”吗？答案是否定的。这种空间距离上的缩短，只是渠道深度的增加，在业务角度上被称为“短路经济”，并不是我们认为的“近邻渠道”这种新的商业模式。

真正的近邻渠道，是不论渠道的深度如何，都会主动构建场景，贴近用户，发现之前未发现的用户需求，满足之前无法满足的用户需求。知道顾客的生活习惯和偏好，缩短与用户时间、空间和心理上的距离，从单纯的以完成销售为目的，到更全面的服务，到实现用户体验的全方位提升。

近邻渠道的模式多种多样，商超便是其中的一种。只可惜，现代绝大部分商超仍沿袭着20世纪30年代源自美国的传统形态，随着零售的第三次浪潮——互联网零售的发展，面临着很大的生存压力，呈现出明日黄花的失败感。

备受冲击的商超业态

最近几年，我们眼见着数个曾经风光无限的商超巨头纷纷业绩下滑，灰头土脸。

大润发原属于高鑫零售旗下，在中国的门店一度超过400家，号称19年不关一店的零售陆战王。2017年高鑫零售被阿里以200多亿港币收购，大润发跟着易主，创始人黄明端辞任时发文表示：他战胜了所有对手，却输给了时代。

家乐福是最早一批进入中国的海外商超，曾经是线下门店的一方霸主，但随着互联网电商的崛起，2012 年开始营收逐渐下降，及至2015 年进入关店潮。其实从2016 年起，面对用户消费习惯的改变，家乐福也一度尝试过经营手段的革新，比如搭建网上商城、开设“易加福”便利店、试水O2O 生活上门等，但都如隔靴搔痒，未能根治弊病。最终于2019 年6 月，家乐福中国被苏宁易购收购。

沃尔玛的颓势愈加严重，自2013 年开始便陆续关闭二三线城市的一些门店。沃尔玛集团的净利润已经连续4 年下滑，2018 年的净利润已经不及4 年前的一半，其市占率也从2010 年的11% 下降到5%，即便和京东合作也未能力挽狂澜。

还有韩国零售巨头乐天玛特，自从2016 年下半年至今，乐天玛特在华的总亏损达到近1 万亿韩元。2018 年10 月，乐天玛特宣布出售在中国的93 家门店，除了向利群股份、物美集团出售的部分，余下的12 家店铺也在年内关店，意味着彻底告别中国市场。

商超巨头的纷纷式微，其实是时代变更的某种表现。

商超本身就是极具时代特色的产物。在电商出现以前，零售业态只有单一的线下渠道，消费者购买生活用品和果蔬生鲜只能去超市，而对比社区小超市，家乐福、大润发、沃尔玛等大型商超价格更低、商品更全，显然更受消费者青睐。所以，逛超市是电商时代以前消费者的生活缩影，每到周末就能看到很多家庭集体在大型超市采购的场景，往往要在两个小时内一站式采购一周的生活用品。如此，大型商业超市就有着庞大的流量，在全世界范围内高速发展，享受着“时代”的红利。

但是进入电商时代，一切都被改变。超市虽然大而全，但是存在很多无法避免的弊端。首先，时间花费大，要考虑来回路程及停车问题，进入超市后要在找到商品、选品、结账、排队等环节花费很长的时间，这一点在生活节奏相对缓慢的20世纪90年代消费者习以为常，然而放到现在，让经常工作时间“996”的年轻人每周花费半天时间逛超市是很困难的行为。其次，生活用品往往是大宗商品，距离大型商超3公里范围外便几乎没有配送服务，用户越来越觉得逛商超的成本很高。

随着B2C电商的崛起，上述问题都得到了改善。首先在淘宝、京东上购买的大宗生活用品，不但更具价格优势，而且直接配送到家，这比超市业态的用户体验要优渥太多。另外，电商实现了用碎片化时间选购商品的可行性，无论是候车时还是公交车上以及午休时间都可以方便购买，无需特意安排非工作时间进行专项采购。

原先大型商超最突出的生鲜优势也在每日优鲜、易果、京东买菜等电商平台的崛起之下受到巨大的业务冲击。手机下单，1小时直接配送到家，这样的高效率让商超望尘莫及。

试问当大宗标品和生鲜都不需要去商超购买，那商超还有什么存在的价值？所以，商超崛起于“时代”，同时也输给了“时代”。

不过，当前业内已越来越重新认识到传统线下作为“近邻渠道”，依然具备着卓越的接触客户的优势，所以如果对线下商超进行改造，取线上电商的长处，结合线下渠道在交付和体验方面的特点，那么未来与线上谁更占上风还不好说。

商超的改造方向

我们认为，从消费者需求的复杂性角度考虑，线下大型商超可以有三大改造方向：一是商超销售的无人化改造；二是渠道内建场景改造；三是线下渠道重服务改造。

（1）商超销售的无人化改造

传统超市最大的问题就是店大人多。超市往往从二层进入，在一层结账，动线设计强迫消费者走遍整个超市。所以去超市购物我们一般用“逛”这个字，这也是一种无奈，因为没有一个小时根本出不来。与此同时人头攒动的货架通道和特别长的结账队伍让人望而却步，特别是赶上周末节假日，情况更盛。如果要买一瓶水或一盒口香糖，人们就不会去超市，而选择价格贵但可以“拿了就走”的便利店。

其实用户需要对环境和自我有一定的掌控能力，针对此种需要，商超可以尝试做一定的无人化改造，将超市进一步交给消费者。

为什么叫“进一步”？这是因为现在的超市较传统百货已经足够开放，销售的大多是标品和简单商品，用户可以自主地拿取商品、判断决策，除了结账时很少需要超市人员的服务和行为干预。当然现在很多超市也增加了自助结账机或自助结账购物车，但使用效果不尽如人意。为了适应用户对消费过程中“更自主、更便捷”的需求，商超需要针对购物流程做更细致、更快的改造优化。

我们提议在大型商超构建无人化，并非是说要全盘效仿无人店，而是可以将超市的一部分区域改造成独立的无人店。参照社区便利店20～50平方米的面积，实行少而精的选品，SKU数控制在1000个左右，略低于普通社区便利店，选品为标品。在最后的结算支付环节，支持扫码或刷脸支付，提供仅无人店专用的直通通道。

（2）渠道内建场景改造

在超市购物的人群中有一类比重较大的是家庭主妇，她们会在购物中投入更多的时间和精力以期能够买到更新鲜、更便宜的商品，这是她们胜任家庭职责的一种体现。于是互相之间会交流挑选心得，帮助做出更加合理的消费选择。

对于这种需求，可以在渠道中强化场景构建，并提供有关联的综合商品。比如围绕做菜这个需求，菜品所需的包括生鲜、熟食、主料、配料、调味料、厨具、餐具、清洁用具等商品，可以在同一个区域搭配起来售卖，再提供一些家常菜的做法和一些生活小窍门，甚至可以提供从食材选择到代加工的服务。

这种模式在现在的很多超市中有一定体现，例如永辉精标店，提供了餐饮服务，营业模块包含鲑鱼工坊、食代广场和麦子工坊，餐饮区域占比达到30% 左右。

鲑鱼工坊的即食消费，成为永辉精标店的重要特色，商品经过现场加工，最大限度地保留了食物的鲜美口感，而透明式厨房能够让顾客亲自见证食品的烧制过程，使顾客吃得放心。另外两个餐饮区，麦子工坊主打欧式面包，食代广场则主打本地特色小吃，不仅提升了门店的营收和毛利率，而且增加了顾客停留时间和客单价，促进潜在用户的消费。

餐饮服务不仅充分发挥了永辉食品加工、半成品加工和精品加工的产能优势，并且在渠道内营造了独特的场景，提供从用户需求激发、商品选择、食品加工到餐饮消费一条龙服务。

（3）线下渠道重服务改造

作为近邻渠道之一，要想融入当地消费者的生活方式，商超不仅要打造场景化，还要进一步做场景细分，将服务做深做透，方能直达用户最深处的心理需求。

传统商超是致力于满足全家需求的复合体，但如今越来越多的新业态有针对性地聚焦在某类需求场景上，对传统超市的业务造成冲击和分流。所以传统超市也需要结合超市选址地的人群特点进行有针对性的改造，通过一个聚焦场景来影响用户心智，形成用户与场景以及用户之间的互动和关联。

日本有家叫NeWoman的购物中心在场景细分方面做得很好。它主要为女性客户提供服务，里面有女性喜欢的餐厅、咖啡馆，还有美妆服务、妇科诊疗服务。

同理，商超还可以针对中老年人提供关于健康、养生方面的咨询服务，比如更适合老年人营养配方的餐饮服务，以及在特定区域提供更宽敞、更防滑的通道，更多的休息空间，等等，最近沃尔玛也开始进入中老年社区，包括提供体检服务的社区服务综合体。

针对年轻人要提供更快捷、更有掌控感的购物流程，要做到比罗森的商品品类更全，但效率一样快，并开通线上渠道如大润发线上店等。

总之，要通过场景创新，将场景、商品、服务进行有效整合，提高商品服务与场景的关联性，将服务做到极致，利用一切手段，包括线上、线下将效率提升至最高。

◎ 第二节　罗森：商区便利店的经营思考

“近邻渠道”中离消费者距离最近的一种，是便利店。便利店业态最大的优势在于贴近用户生活场景，由空间所带来的交付便利性，能够满足用户的即时消费需求，此时用户对于价格的敏感度会下降。从消费频次来看，便利店也以起码高出数倍的优势胜于大型商超和电商平台，所以近年来被视为不可多得的线下流量入口。

其实零售业态的发展一直与社会家庭结构的变化密切相关，随着中国社会逐渐步入老龄化时代，老年人行动半径会逐渐减少，对于社区服务的需求日益旺盛，商超社区化和社区便利店作为社区面向消费端的一线，势必会越来越受欢迎，这正是20世纪80年代日本便利店兴起的原因。

还有一个因素与便利店的发展极具强关联，从国外的数据可以看出来，当城市人均GDP高于1万美元时，便利店开始高速发展，而当前我国已经有超过30个城市人均GDP超过1万美元，这样算下来包含在内的消费群体超过3亿人，因此，便利店具有广阔的市场前景。

此前我国传统的社区零售业态非常简单，绝大多数是夫妻店、兄弟店，随着国内外品牌便利店的扩张和互联网零售商的入场，这种家庭作坊式的开店模式逐渐失去竞争力，面临着很大生存压力。中国已经将发展品牌连锁便利店视作一项民生工程，认为其对于促进消费升级，提升城市消费，更好地满足居民便利消费、品质消费需求具有重要作用。

面对新零售阶段的便利店改造，我们从商区便利店及社区便利店两个不同的类型来进行探讨。针对商区便利店，可以参考罗森在中国地区的经营策略。

中国罗森：商区便利店的代表

罗森是便利店行业绝对的标杆，1939年，罗森公司成立于美国的俄亥俄州，起初是一家牛奶销售店，因为新鲜美味的牛奶广受好评，而后业务逐渐扩大为出售日用品的商店。1975年6月，罗森在日本开设了第一家便利店，之后揭开了加盟店连锁事业的序幕。自从罗森便利店于1996年进入中国市场，已经稳步经营了20多年。2017年，在国内便利店市场已成红海的时候，罗森进入南京市场却引发了顾客排队两小时进店抢购的热潮，其受欢迎程度可见一斑。

中国罗森与日本本土的罗森在目标客群定位、经营模式、服务内容等方面都存在很大的差异。

虽然中日人口老龄化是共同的客观趋势，但两国老年人的行为存在着很大差异。很多日本老年人仍然在坚持工作，并且生活状态孤独，所以日本罗森是典型的社区便利店的代表，面向的群体是社区当中的家庭和中老年人，它提供了很多人性化服务，类似一个服务于周边居民的生活服务平台。

比如尽管日本便利店占地面积都很小，但还是有很多门店为顾客设置了免费洗手间，以及提供代订各类票务，销售报纸杂志、交通卡和冲洗照片、临时医疗救护等满足各个层次的消费需求的衍生服务。

针对老年群体，罗森精心提供了很多特殊服务：比如门店内的价格标签会特意放大字号，方便老年人辨认；再比如部分店里提供休息的座椅，老人购物之余可以边吃东西边聊天休息；还提供了很多诸如送货上门、代缴水电费、代寄送快递、换灯泡、扔垃圾等满足社区中老年人群需求的增值服务。

然而在中国，罗森的目标客群定位与日本有着本质的差异，是典型的商区便利店。瞄准的主要客群是25～35岁高素质的上班族，他们工作压力大、生活节奏紧张，对简餐、零食等便利商品的需求量大，同时对价格不敏感，追求快速选购、快速结账。所以作为城市上班族群体的“近邻渠道”，中国罗森围绕这个群体的诉求来制定经营策略。

罗森商区便利店的经营策略

（1）近邻用户的选址策略

在中国，罗森非常看好高端消费群体，店铺大部分会开在写字楼周边。罗森坚定地认为，即便写字楼的租金远比社区周边高昂，但是白领们的消费能力和购买频次会带来长远的收益。

以都市上班族的早餐需求为例，他们上班途中无论是乘坐公共交通或自驾车，途中都不便携带和食用早餐，所以一般不会在居住地附近的便利店购买鲜食，而是会到公司附近购买、食用。而且商圈房租费用较贵，阻挡了一些低价的小型餐饮类店铺的进入和竞争。

（2）少而精的选品策略

由于商区便利店以城市上班族为主要客群，所以为用户降低购买决策负担是便利店的重要考量因素。普通便利店商品种类不会超过3000个，而商区便利店可能更少，要从上百万种商品中选出最适合的该区域用户需求的少量商品，非常考验便利店的运营能力和日积月累的经验。罗森便利店一般只有1500～2500个SKU，这些少而精的商品，帮助用户实现了快速选购，即拿即走。

（3）网红爆品策略

商区便利店的食品销售占比可以夸张地占到80%以上，而罗森最大的特色就在于它的自有品牌鲜食，包括甜品、便当、饭团、寿司等产品，几乎每一样都是网红产品。这些食品占据了所有商品种类的40%～50%，商品毛利率的贡献也大多来自这部分商品。

这些产品从两种途径提供，有些是罗森在当地自有的加工厂生产制作，如面包、甜品等，另一些则是和当地知名的饭店或者其他代工厂合作加工，但最终都会在包装上印制罗森独有的商标和名称。这样做的好处显而易见，既可以省去了第三方供应商的交易成本和广告费用，又可以大力推广自己的便利店品牌，增强品牌的竞争力。

为了防止消费者容易产生视觉疲劳和味觉疲劳，罗森通过对消费者的需求偏好调查，定期开发研制新产品，这种策略特别符合白领一族的小资基调，所以经常借由他们的社交生活圈形成口碑营销，打造爆款。

（4）本土化策略

此外，罗森在中国采取了本土化策略，并不完全照搬在日本已经成熟的经营经验，而是依据当地的消费模式、饮食习惯和口味偏好进行调整和创新，打造出更适应顾客味觉需求和消费需求的产品。

比如罗森刚开始入驻重庆的3 年里，即使门店数量不断增加但营业额依然很不乐观，因为常规的包子、盒饭、饭团在美食之都重庆非常“水土不服”。痛定思痛后，罗森开发了具有重庆本地特色的小面系列新产品，团队为了研发重庆小面尝试过当地数十家面馆。正是这种本土化经营策略，才使得罗森便利店扭转了在重庆亏损3 年的经营状况。

（5）差异化供应链策略

便利店行业已成为红海，早就过了规模越大盈利空间就越大的时候，现下是谁能够满足消费者差异化需求，谁就能占得一方优势。供应链的差异化是打造门店差异化的基础，罗森则采用了供应链多仓战略。

以江浙沪市场为例，苏南口味清淡，上海口味偏甜，浙江则有酸辣的需求，对应到每个地区的中央化厨房、代加工工厂加工方法就各不相同。这意味着每个门店需要有不同的仓库去配送，而罗森的仓库送货只覆盖150 千米半径以内的地方，所以罗森有多个仓库，在上海闵行、江苏江阴、浙江萧山都有，不同的仓库服务特定门店，满足不同地区消费者的个性需求。

商区便利店的无人化应用方向

中国罗森与日本本土罗森还有一个很大的不同之处，相较于日本罗森五花八门、细致到生活的方方面面的服务，中国罗森的服务要“简化”得多，少了很多基础生活服务。一方面由于便利店所售卖的商品并不是复杂商品，不需要通过“人”来加深商品认知；另一方面，中国在数字化服务方面要明显领先日本，很多交费、购票服务都可以通过手机应用便捷完成。另外，大多数门店还支持美团、饿了么、京东到家等外送服务，用户不到店也可以购买商品。

既然商区便利店的场景单一、商品认知并不复杂，那么是否可以干脆进一步减少“人”的服务的存在，通过技术取代?

事实上，由于人力资源越来越昂贵，关于便利店无人化的议题早已在世界范围内讨论研究。2017 年，亚马逊提出了新零售概念，意思是顾客走进一家商店，拿起货物，直接走人，不用排队付款。这个大胆的构想在一年后就成为现实，2018 年1 月22 日，Amazon Go 无人商店向公众开放。同一时期，国内的无人店如天猫无人超市、EasyGo、缤果盒子、苏宁biu+ 等也如雨后春笋般到处试点。

站在消费者的立场，无人店诞生的初衷是在便利店的基础上，提升消费者的支付效率。站在经营者的立场，无人店没有店员，可以减少经营成本。以当前的技术水平，无人店的大规模商业化不存在特别大的技术难点。从成本角度考虑，虽然现阶段开设一家新无人店的成本并不便宜，需花费约150 万元的成本，但是随着技术的逐步成熟，软硬件成本也会逐步下降，未来的技术成本势必会低于人员成本。

消费者完整的购物过程分为两个阶段：第一阶段是消费决策阶段，这一阶段，用户的信息需求对场景和人的服务会有很强的依赖。同时，人的服务也可以让购物体验更具个性化、温度和弹性。第二阶段是消费执行阶段，主要在于完成订单、支付和交付，消费者对于执行效率的要求较高，在这方面，科技手段的效率会明显高于由人所创造出来的价值。

所以，低场景化的渠道，其核心是服务于商品的流通，就可以应用更多的科技手段如无人化，让人从“商品”服务领域解放出来，来更多地服务于“人”，科技应用、无人化价值体现在下面两个方面。

（1）为店员减少不必要的工作

在支付环节使用自助支付设备，由用户自助完成收银，其效率比有人服务更加快捷，这点在国内零售行业的应用已经非常成熟。

在门店管理上，还可以使用RFID（频射识别）技术，提高门店盘点的效率和准确性；使用智能摄像头减少连锁线下零售企业督导巡店的工作量，并支持分析店员的行动路径，优化门店布局，以减少店员的无效行动，降低劳动强度。

对于一些传统便利店，白天有人值守，但夜间8小时闭店。这些门店可以通过无人化改造提供24小时服务。夜间消费者扫码进店，选择商品自行扫码结算，离店。如此可将传统的16小时店升级为24小时便利店。

（2）为顾客提供更多的服务

在2018年CEATEC JAPAN展会上，罗森展示了通过店铺专用的音视频技术，连接社区医生，为顾客提供基础的医疗咨询服务的新型服务手段。在中国的经营中，罗森会在顾客进行结算时，对消费人群的性别年龄等属性进行统计和调查，这样就为商品的后续开发与店铺的管理提供了资料储备。并且，像罗森这种24小时营业模式的便利店，通过调查才能更有针对性地开发适用于夜晚销售的商品，将商品的利益最大化。

但是对于一些多样场景，用户存在非标品的需求和复杂商品的理解需求，就需要门店投入更多的人员和时间帮助用户理解商品价值。此外，人的服务始终是影响用户体验最重要的要素，所以零售绝不应该完全离开人。

再回到罗森的案例，2017 年开始日本罗森也曾尝试在店铺引入一些高新科技，比如自助支付、人脸识别等，改进用户购买体验。但是在经过多次实践后，罗森得出的结论是：“如果只是运用科技，对供应链的某个环节进行优化的话，是无法真正提高顾客体验的。”

这句话印证了我们之前提到的，无论是生活社区便利店还是商区便利店，服务都是非常重要的，技术仅是其解放机械化劳动的工具，帮助其将精力重点投入渠道的场景要素中。时刻围绕用户需求的满足和用户体验的优化这条主线，将技术和人的能力有效结合，才是更好地服务用户的根本。

◎ 第三节　苏宁小店：苏宁价值链离消费者最近的场景

近年来，我国便利店业态发展得非常快，不仅有罗森、7-11 这些外资便利店占据了我们的生活工作圈，国内的苏宁小店、京东便利店也大范围铺开。

特别是苏宁小店，作为苏宁“两大、两小、多专”[①] 的渠道业态群中的两小之一，在2017 年到2019 年短暂的两年多里一直上演着轰轰烈烈的扩张之路：2017 年仅有23 家，到2018 年已拥有4000 多家直营门店，2019 从苏宁易购（上市公司）剥离，2020 年5 月起从直营转向特许经营，6 月初正式宣布开放门店加盟业务，计划在未来3 年内发展1 万家加盟店。

由于笔者曾经在苏宁工作过，经常被问到一个问题：为什么苏宁要这么大力发展苏宁小店？苏宁小店真的赚钱吗？

对于这些质疑，苏宁董事长张近东曾经回应过：“你们说苏宁小店贴钱，苏宁小店就是要贴钱，不是十亿二十亿的问题，而是一百亿两百亿的问题，

① “两大”指的是苏宁广场和苏宁易购生活广场，“两小”包括苏宁小店和苏宁零售云店，“多专”则涵盖苏宁易购云店、苏宁极物、苏鲜生等专业店面。

一定是贴下去把小店干下去。”

还是那个问题：为什么？

答案是，苏宁小店是苏宁价值链离消费者最近的渠道。

内部充满争议的苏宁小店战略

2015年年中，苏宁内部决定成立项目组，考察全国社区便利店的市场情况，为试水社区小业态做准备。当时苏宁内部争议很大，因为以食品为主的社区小业态与苏宁一直以来擅长的大业态截然不同，而且线下不仅要与平价的传统菜场、大卖场、超市等抢夺客源，7-11、罗森、全家等日资便利店在华也表现出了急剧扩张的阵仗。

线上生鲜作为电商的最后一块肥肉，热度从2014年开始便是有增无减，到2015年全国的生鲜电商大概有4000家，但也只有1%在赢利，4%持平，剩下的95%都在亏损。易损耗、毛利低、标准化难、配送成本高这些都是“最后一公里”路上的拦路虎。对苏宁来说，要做社区小店等于是明知山有虎，偏向虎山行。

不过，苏宁有不得不尝试的理由，自转型以来虽然逐步形成了线上以苏宁易购网站为主，线下以苏宁门店为支撑，同以苏宁物流、苏宁金融为辅助的零售格局，但是在“最后一公里”的商业布局上，很明显苏宁是欠缺的。况且，未来零售竞争的目标不仅仅在最后一公里，更是在最后的一百米。

在看清短板后，苏宁下了坚定的决心要做社区零售，就是因为除了拥有大的门店以及物流网络生成的主管道，还要培育出毛细血管，渗透到社区，通连成网，让商品服务、物流服务、售后服务等离客户尽可能地近，补足苏宁全渠道零售构建的重要一环。

在确定正式的门店形态前，小店项目组往全国各地跑了很多家企业调研，既有传统的线下品牌连锁便利店，也有代表性的线上生鲜平台，包括当时势头很猛的电商平台“淘常州”。

2014年年底的时候，“淘常州”针对社区O2O推出了升级的“楼口”品牌。这是以“微仓储”和“极速达”为核心模式，基于线上移动端“楼口”App和线下“楼口便利店”相结合的O2O社区服务平台，与苏宁娴熟玩转的双线协同模式看似非常契合。

不过“楼口”整体的运作模式采取与社区周边便利店合作的模式，即承包部分区域展架，客户下单由这家便利店配送给客户，类似于暗仓（前置仓），即建立不对外营业的小型仓库。一个暗仓只覆盖附近1～3千米范围，用户通过“楼口”App下单后，暗仓获取周边订单，极速配送，在29分钟内完成从下单到送货上门的流程。

对是否也采用暗仓模式，当时苏宁内部争议很大，一方面其经营成本较低，有利于业务的快速扩张，包括每日优鲜也在2015年夏季建立了第一个暗仓。另一方面，暗仓模式有个很大的缺陷，对苏宁这样的资深零售玩家来说，尤其难以忍受：引流模式单一，与用户之间缺乏触点。

用户运营需要解决的核心工作是拉新、留存和促活，暗仓模式只能靠发优惠券的烧钱方式推广，但电商红利期已过是不争的事实，引流成本越来越高，单用户成本甚至超过200元，想要达成复购还需要花费更多成本去留存用户，并且经营流程、服务质量都不可控。而真正高效的用户运营一定来自管理好用户与产品/服务发生接触、交互的每一个关键节点。

经过了内部的反复讨论，苏宁最终决定开自己的直营店。虽然前期要付出高昂的门店租金成本，但实体门店能作为线上平台在线下的物流、售后服务基站，覆盖、黏住社区用户，打造密集社区网点。于是，2015年年底，“苏宁小店”计划正式启动。

苏宁小店的竞争优势

苏宁小店与传统便利店有很大的不同，它是苏宁在“社区O2O”领域的新尝试。在商品结构、服务内容上，苏宁小店结合社区消费者的日常家庭生活进行更优的组合，提供包括超市日用百货、生鲜自提、快递服务以及家电维修清洗等全方面的生活服务，致力于成为城市社区的综合服务中心。

（1）重餐饮，打造社区家庭厨房的心智

与其他便利店非常大的一点差异是，苏宁小店的核心诉求是解决消费者的一日三餐，主打生鲜、果蔬、热鲜食等品类。生鲜品类占比达到30%，远远高于一般便利店。苏宁小店致力打造成为每个社区的“共享冰箱”，以高频、刚需的商品抢占用户。

2019年下半年，苏宁小店上线了占地300多平方米的3.0门店，除了匹配标准的货架区以外，还配备全新的餐饮区，采取“先点后取”和“即拿即付”两种餐饮售卖方式并行。

厨房与吧台组成的生产加工区，规划了近60个餐饮类SKU，包括面点小吃、粥汤面饭、自主料理、烘焙甜品以及奶茶、果茶等系列现调饮品。小店还特设多个就餐区，一次能服务20～30人。用户来到门店，可通过人工、App、小程序及自助收银机四个入口点餐，经过备餐、叫号、出餐的流程后，即可在现场享受新鲜美食。

快速收银台与商品货架组成的快速售卖区，主打炸品、烤肠、包子、关东煮等鲜食，消费者选购商品后，即拿即付，同样支持现场就餐。

值得一提的是，苏宁小店会对菜品进行及时替换，以保持用户新鲜感。所以，升级的并不只是消费者的购物与服务体验，还有社区用户的生活品质与消费理念。

（2）社区菜场，满足民生日常所需

社区店销售生鲜与菜市场相比，因为量级很难匹配，容易导致高损耗，几乎没有价格优势，所以社区菜场模式一直很难发展。

但是苏宁坚持主打社区居民需要的生鲜，苏宁小店于2019年4月份上线了苏宁菜场业务，希望满足C端日常高频需求，达到拓宽用户量、完善社区消费场景、增强苏宁在高频易耗商品方面的流通能力的目的。互联网流量争夺时代，讲究“高频吃低频”，谁能让用户逐步使用和迁移，谁就能取而代之。

为了解决高价格、高损耗的问题，苏宁菜场采取前一天预订，第二天取菜的模式，即前一天在App上下单，锁定需求量，第二天由物流中心直接将新鲜蔬菜配送到苏宁小店，用户来店提取。虽然不能达到随买随取，但是由于省去中间环节、损耗低，因而价格比超市和一般菜场更具优势。

关于开展菜场业务，苏宁内部还有个趣闻，刚开始由于苏宁小店尚未建立仓库，生鲜只能找供应商按天供货，但首家门店订单量少且极不稳定，有时候一天只有五六百元的订单，还得挨家挨户送，供应商不愿接单。苏宁小店项目组分头去找供应商，忽悠说虽然现在只有一家店，但马上会开几百家店！这样的“海口”依然没有打动供应商。

其实当时的状况下，连苏宁员工自己也觉得是在“吹牛皮”，但大家根本没想到，一年后苏宁小店远不止开了几百家，而是几千家。不过当时为了解决早晨无人拉货的问题，采取了员工自己每天早晨去菜市场拉货到门店，再按时间派送的方式。所以，任何一项业务的开端，都会经历一些曲折。

不过等到2020年开年，面对突如其来的疫情，苏宁小店业务的重要性和前瞻性就彻底体现了出来。笔者在家隔离的时候，每天晚间9点前在苏宁小店

App 菜场板块下单，第二天上午10 点前就能在小区门店自取。在其他地区人们需要凭票去菜场囤货的时候，能够轻松购买多样化的生鲜，并避免前往人流聚集地，笔者确实深刻感受到了苏宁小店模式的先进性。

疫情之下，整个社会急需满足医疗物资、民生日常所需的稳定供给，而家庭化消费、应急性购买、高负载作业，都对零售企业的供给能力、交付能力提出了突然的考验。

我们知道，企业的供给能力都是基于消费需求的增加而稳定增长的，在疫情突发的状况下，面临生鲜需求的短期暴涨，很多企业会爆仓而无法履约。2020 年2 月1 日开始，苏宁小店的生鲜购买需求上涨明显，环比去年12月同期，订单量提升超650%，但却并未出现与同行一样的订单延迟情况，因为苏宁依托小店“今天买明日提”的菜场业务，配合2019 年收购的家乐福大卖场及线上的苏宁易购，三者的生鲜板块整合协同，有效解决了履约问题。

（3）O2O 模式，一小时配送

长期以来，苏宁一直在深化线上与线下一体化的服务能力，O2O 业务已经发展得比较成熟。再依托线上平台几千万级供应链的支持和苏宁全产业会员数据系统的帮助，苏宁小店可实现3 千米免费送货上门的服务。

从购物体验来看，苏宁小店更像是一个缩小版的苏宁易购线下门店。苏宁小店App 与苏宁小店门店可以实现双线能力互补和资源共享。在线上可以通过苏宁小店App 操作，享受送货上门或自提服务；线下还可以有下单区，与苏宁易购打通，线上商品也能通过这里购买和提货。

小店危机

现在来看，苏宁发展社区便利店业务虽然有一定优势，但同样面临着很大的问题，我们认为如果能有效地解决，会是更上一层楼的机遇，如果没有清晰的认知，就会是制约长足发展的隐患。

（1）商品价格缺乏优势

随着苏宁小店规模迅速铺开，其供应链逐步转为采用大区集中采购为主、地采为辅的模式。但大区到小店配送货物的物流成本，并没有因成本的分摊而获得价格上的优势，特别是在门店没有形成规模前，自营配送直接拉高了整体成本。这最终导致苏宁小店的商品零售价格与其他商超和便利店相比没有了优势，更进一步导致门店经营状况下滑、门店规模减小，从而物流和价格的规模优势进一步衰减，最终陷入商品价格进一步缺乏竞争力的恶性循环。

更何况，社区附近通常有多家超市及便利店、餐饮店，价格优惠又主打熟人网络，小型规模的苏宁小店无论是在生鲜商品还是鲜食商品的特色和价格上均无优势。

（2）中心仓配送模式，对于生鲜类即时性线上消费响应不足

苏宁小店采取中心仓配送模式，物流经一次可直达用户，仓储成本和损耗率相比于前置仓模式更低，但中心仓的物流时效会比较差，一般是次日达，所以苏宁菜场只能提供“今日订、明早提”的方式。

如此，苏宁小店对于满足生鲜类商品的即时消费需求就表现得力不从心，毕竟消费者在线购买生鲜商品的一个核心诉求就是即时达。所以对比其他线上生鲜类应用如盒马鲜生、京东到家等，苏宁小店在配送上就不占优势。

不过一般的便利店实现生鲜前置仓也基本不现实，因为如果用户到店购买并自提就可以相对拉低物流成本，但是如果用户在线购物，就需从前置仓经二次物流（如饿了么、美团）送货到家，物流成本不降反升。所以门店就

需要仔细平衡到店客户和到家客户的比例，以平衡销售和物流成本，而这一点在现实层面很难做到。

但是生鲜门店如盒马鲜生也很难下沉社区，其实未来苏宁也可以考虑将旗下生鲜品牌苏鲜生下沉到小店业态，提供社区生鲜服务，但是这对选址的要求相对较高，短时间内难以形成典型案例。

（3）缺乏高毛利率商品

目前来看，苏宁小店的短保商品和鲜食商品并不畅销，因为绝大部分生活社区的中老年用户并未年迈到不能做饭。15～20元的鲜食（盒饭、快餐、三明治）不仅价格昂贵，味道也不如周边餐饮店美味家常。所以，生活社区店内只能销售一些低毛利率的商品。

因为要贴近中老年社区用户，而高毛利鲜食的需求不高，这是一个需求问题，而不是产品问题。我们试想，即使苏宁拥有和罗森一样好的鲜食供应链，面对生活社区市场，也难以建功。所有苏宁小店在如何提高毛利率方面所面临的问题是所有生活社区型便利店所面临的共同课题。

（4）空间没有优势，缺少社交所必备的一切要素

尽管社区便利店的主要目标客户其实更偏向于中老年用户，但包括苏宁小店在内的很多便利店，在店面设计方面其实根本没有顾及这部分人群的用户体验。

便利店的空间一般都比较局促，货架通道狭窄仅为超市的1/2或1/3，老人行动时容易碰到货架或商品。公共空间也不足，缺少供中老年人临时休息、就餐、交流的区域。即使有靠窗的排座，座位也普遍过高，不便于中老年人就座及面对面交流。

我们看到超市中通道的宽度一般在1.2米以上，至少可以允许两辆购物车

对向行进；另外，通道的宽度与人流的平均密度有关，例如生鲜区的人流密度普遍会大于服装类商品区域的人流密度，所以生鲜区的通道宽度设计一般会大于服装类区域的通道宽度。但小型便利店因总体空间的限制，无法做到分区设计。

（5）缺乏场景和特色服务

针对住宅社区商业化服务，苏宁小店场景单一，缺乏特色化服务。尽管可帮助社区用户收发快递，提供维修、清洗、保洁、租售房等生活服务，但其实很多服务都很鸡肋，并不契合社区用户真正的需求。

我们认为便利店的服务非常重要，应将特色服务重点投入渠道的场景要素建设中去。苏宁小店目前属于低场景化的渠道，核心依旧是服务于商品的流通，所以花费了大量力气在使用更多的技术手段上，如无人化，去优化商品采销、定价、上架、页面展示、商品交易、结算、交付等流程。

而真正的场景要素应该直接服务于消费者，始终围绕用户需求和用户体验。苏宁小店作为生活社区的一个近邻渠道，应该致力于成为社区的一个“好邻居”，主动参与社区的建设，服务于社区居民，如此才能将社区型便利店做得更好。

第六章

线下零售智能化

近些年虽然沃尔玛、联华等诸多零售龙头在两三年内闭店高达几百上千家，很多百货巨头也纷纷撤出市场，许多小型门店倒闭、挣扎、转型寻求生计，但即便是现在，线下零售依然占据了社会商品零售总额的近80%，事实证明其地位依然重要到无可取代。

面对线下零售，我们需要做的是正视它的问题，用智能化思路破除它的沉疴旧疾。所以本章我们将讨论线下零售新零售化的演化路径，分为四个阶段：第一阶段是线下业务上线；第二阶段是线下业务与线上业务的双线协同；第三阶段是智能驱动的业务持续优化；第四阶段是基于业务智能化的跨产业的价值协同和信息协同。通过四个阶段的发展，线下零售必然会重焕新生，激发新的商业存量。

◎ 第一节　线下门店智能化的必要性

曾鸣曾在《智能商业》一书中提到过三浪理论：第一浪是传统渠道型零售门店，典型代表为20 世纪八九十年代的百货商店；第二浪是连锁商店，苏宁、国美、大润发、家乐福等线下连锁商店和超市如日中天，规范化经营的品牌、价格、服务，对传统百货业务形成巨大冲击；第三浪就是电子商务，淘宝、京东等电商平台的崛起直接使连锁模式黯然失色。

线上零售带来的冲击只是一方面的因素，另一方面也是由于线下门店自身存在很多缺陷，其发展受到制约。

线下门店的问题

（1）开店成本高

以某知名便利店加盟模式测算，初期投资金额包括保证金20 万元、商品投资20 万元、加盟费10 万元、培训费1 万元、开业准备费2 万元、装修费35 万元，合计金额大概是80 万元。后续的日常运营费用也是沉甸甸的大笔开销，包括房租、水电、人工、维护费、物料费、产品损耗、促销、办公用品等诸多费用。

即便是一二线城市较为繁华地段的便利店，按照每天8000 元的日销售额来测算，假设平均毛利30%，月毛利7.2 万元，按照初期投入80 万元测算，需要大概2～3年回本。这还算是相当乐观的测试，因为大部分便利店的日销额都达不到这个数目，亏得血本无归的便利店不在少数。

（2）管理难度大

门店管理包括商品管理、人员管理、促销管理等一系列内容，光是商品管理一项，就要考虑商品盘点、物损管理、库存管理、选品、主推、商品摆放和陈列等诸多细节，需要投入大量的人力去运转。

举个门店商品管理最基本的操作，“收发盘退”，即“收货、发货、盘点、退货”，这里重点说“盘点”，盘点是一种对库存商品实际数量进行清查、清点的作业。小型便利店SKU不超过3000个，一般一周盘点一次库存。像大润发、家乐福这样的大型商超，一般一个季度盘点一次，每次盘点库存都是一场“通宵作战”。管理人员需要提前从其他门店调配人员，还要邀请第三方盘点机构加入“战斗”。

在盘点当日，会先盘点门店仓库，结束时上封条封闭仓库以保证卖场的货不会串到仓库中。当天等顾客走完，参与盘点的人员进场，会封锁全部出口，开始对正常商品、固定资产、耗材、办公文具、现金等各类物品进行仔细盘点。盘点人员手持PDA（个人数字助理），对商品扫码后输入数量。全部盘点流程经过初盘、复盘、抽盘（抽样监察）三轮才算结束，时间基本持续到凌晨3点，拿到盘点结果之后还要对账，确定损耗原因……等到工作人员疲惫不堪地结束工作，大概也到早上6点了。

以上讲述的业务操作的烦琐和劳累，已足够让人感受到门店商品管理的复杂。不仅是业务层面需要投入大量人力和时间，还需要系统层面的IT人员提前建立盘点清单，并且进行全程系统保障，因为盘点上传数据经常发生上传速度慢、后台结转看不到更新等问题。

（3）人员管理难

人的管理在任何行业都是一项复杂的难题，线下门店的工作人员大多学历不高，水平参差不齐。并且，存在大量的外部促销和兼职人员，整体流动性很高，带来的结果是培养成本高但留存率低。所以绝大多数门店管理要依靠成型、成熟的规章制度。但这样一来，店员服务质量和劳动强度、销售与品牌发展、会员服务这三个目标都缺乏有效的监管和实时评估。

（4）场景管理难

线下门店虽然自带场景，但传统门店的场景较单一，而且构建场景的投入较大，效果也缺乏科学的评估手段。

去过苏宁位于南京新街口门店的朋友大概有印象，该门店基本每3 年进行一次大改造，从最开始的电器专营店，到逐步引入家居、体育、母婴等模块变成综合门店，之后又引入苏鲜生、第三方餐饮打造广场型业态。在2020年4 月，又引入了苏宁极物、网红hygge 咖啡，还增加了彩妆、护肤体验，以及大英博物馆、故宫、52toys 盲盒、李子柒等网红文创品牌，从而升级为智慧生活中心，让整个购物体验更加趣味化、年轻化、社交化。

其实像苏宁这样的门店大改造，每一次都要经过若干轮头脑风暴、设计、评审、试验，需要大量的人力和物力支持。而门店的新鲜度最多只能持续3 年，如果不做大型调整，很容易让顾客失去兴趣，所以线下门店的竞争从来都是只见新人笑，不见旧人哭。

线下门店的机会

在前面几章中我们已经或多或少地提到过，即便现在是线上零售大放异彩的时代，线下具备的独特的场景实现价值和用户体验优势，也使得其仍然保存着无可取代的价值。

据国家统计局数据，2019 年社会消费品零售总额超过37 万亿元，实物商品网上零售额占社会消费品零售总额的比重达20.5%，虽然已达历史新高，但是线下零售仍旧是主流。如果考虑很多线下购买是通过线上模式支付，如盒马鲜生鲜App 支付、大众点评团购券线下使用等，那么线下实际的消费规模占比会更高。

特别是疫情期间，所有的娱乐场所如餐厅、主题公园、商场、景区等都被迫关门歇业了很长一段时间。当真的体会到“失去”时，我们反而会重新感受到它的价值。当疫情得到控制之后，景区爆满、餐饮行业回暖，彰显着线下依然是零售行业一个不可忽视的核心战场，就连国家放开“地摊经济”也是让消费者回归线下的重要手段。

线下零售可以为客户提供全感官的商品体验和服务体验，这是有别于线上的最核心因素。比如用户买车一定会去现场试驾，即使线上能够看到车辆在4S 店销售的价格和配置、型号，但只有亲自体验到真皮座椅、天窗和四驱动力，才会彻底做出消费决策。

线下零售还可以满足消费者情感消费的需求。很多商品、品牌往往都带有情感和文化属性，因而用户的消费决策不仅仅依赖理性层面，更脱离不了情感和态度的因素。比如去网红咖啡厅和书店的消费者，不一定是为了喝咖啡或买书而来，很多是出于大众都去，我也要前往打卡的感性因素。而带有文化属性的商品如乐器、书法、茶艺，属于消费者的情感型消费，在冷冰冰的线上很难解决，这也是线下对于消费表达的一项核心优势。

以上是线下门店存在的独特的价值，更是其能够继续发展的根基，而这些优势和价值需要通过商业智能化来实现。未来，线下门店不仅不会消亡，反而会在新业务模式浪潮和新技术浪潮的叠加作用下，成为商业智能化的新战场。

随着物联网、大数据、人工智能等技术的日趋成熟，商用领域的成本快速降低，将有助于解决线下门店在管理系统等方面的传统弊病。所以线下零售接下来要做的就是摒弃老旧“系统”，换装“智能驱动引擎”。我们预测，在未来的10～20年里，商业智能化会随着线下门店的智能化进程逐步实现。

零售经营的四大抓手

实现线下门店的智能化，可以围绕四大抓手来实现，分别是场景、商品、服务和交付，这四个元素是用户消费过程中体验最深刻的触点。

（1）场景

线下门店一般自带场景，例如超市里销售新鲜的三文鱼，会有工作人员现场处理、制作生鱼片或寿司，这是一种真实的、物理的场景。我们也可能在家中的电视里看过制作三文鱼的节目，该节目同样构成了一个场景，只不过是虚拟的、数字化的。诚然，无论是真实或虚拟的场景都有可能激发我们想吃三文鱼的需求，但毫无疑问，现场的刺激会让你更有冲动将需求与商品关联，即刻决策下单。

但当下的线下门店的场景都比较单一、固定，如果可以运用智能化手段实现场景的虚实结合、多样化有机结合，那么门店将趣味无限。

（2）商品

在传统的线下渠道中，消费者与商品之间经常隔着一层薄薄的包装。它往往阻挡了用户的购买欲望，也阻挡了渠道商在促销和引流方面耗费的努力和资源。

门店应该通过各种手段，减少商品与用户之间的障碍和距离。消费者在门店通常会使用多感官工具去了解产品，比如买三文鱼时不光会辨别鱼肉的颜色，还会按压包装感受肉质的弹性。去小米门店买平衡车，一定会试用了才能确定自己能否驾驭这个工具，才能真切地体会到风驰电掣的快感，如果门店不提供试用服务，那么将平衡车放在货架上和放在网店没有太大区别。

（3）服务

服务是线下门店最有核心竞争力的优势，导购可以为不同用户提供精准的个性化服务。线下渠道要能够始终认识到这一优势，并主动突破原有的服务方法，从消费者需求的角度出发，借助商品的数字化更好地为用户提供消费体验和使用效果。

现在很多的彩妆品牌在门店采用了魔术化妆镜和魔术口红来提供试色服务。消费者选中色号，魔术化妆镜中会在消费者嘴唇上模拟出那个颜色，虽然并不完全真实，但胜在便捷和卫生。商品的数字化不仅让用户获得近乎逼真的使用效果，还会引发互动和讨论，大大增加了销售机会。

（4）交付

线下零售的交付环节当前已经进化得比较成熟，大型超市基本都具备自助扫码支付的功能，也可以选择现金、银行卡以外的移动支付手段，如支付宝、微信支付。交付方式也多种多样，商超一般可以支持配送到家，一些家具、电器等大件商品都会有专业的配送安装团队进行售后服务。未来，随着新技术的运用，新基建的进化，交付效率只会更上一层楼。

总之，通过如上四个方面的努力，一方面可以缩短人和商品之间的距离，降低用户获取信息的成本，从而进一步提高消费者满意，另一方面，也有助于品牌认知度和消费转化率的提高，从而解决传统门店营收增长低、绩效差等问题。

第二节 线下零售智能化路径

既然已经明确了线下门店在新零售时代依然有着无法替代的商业价值，那么接下来，我们将具体探讨线下零售智能化演进的路径。大致划分为四个阶段：第一阶段，线下业务上线；第二阶段，线上线下业务双线协同；第三阶段，双线业务智能化；第四阶段，以零售业务智能为枢纽的产业价值链协同。希望能帮助线下零售主认清自家门店当前所处的阶段，收获一些创新启迪。

第一阶段：线下业务上线

零售开始智能化发展的第一阶段，就是线下门店业务开始线上化。这并非是指要放弃线下门店，改为在电商平台开店，而是指将线下门店的四大核心要素系统（商品、场景、服务、交付）线上化。

此阶段的任务主要就是实现以下两个目标：

第一，通过门店四大要素系统的数字化管理手段，降低门店管理成本；

第二，提高门店现有流量的转化率和复购率，提高综合坪效。

（1）数字化管理，降低成本

为什么渠道经营一直致力于门店管理系统的革新和优化，努力让其做到可视度更高，管理能力更强？归根到底，最终都是为了化解门店运营和管理成本高的问题。

拿商品管理来说，很多传统线下门店，只在“收发盘退”的关键节点上被纳入门店系统，并没有做到全业务过程在线。如果想查询某个商品在门店的具体陈列位置，现阶段如果商品对系统不可见，就需要一个人无确定方向地去所有可能的地点查找，准确性和效率都非常低。

而电商领域的商品管理系统就非常成熟和发达，门店商品全业务过程包括商品出库、商品陈列、商品浏览、商品加入购物车、商品下单购买、商品通过送货或提货的方式履约、商品退换货等的数据，在电商领域是很常见的信息。

例如上一节中我们提过的门店盘点，是门店业务中费时费力却不得不做的核心业务。但是对无人店来说，所有商品和行为都是数字化的，每一个购物步骤都被数字化记录，对系统可见，所以这使盘点容易了很多。

数字化管理有三个优点：首先，补货及时，商品进入阈值即提醒，减少缺货现象；其次，精确到个数，店员不需要带着一堆商品来补货，降低运输和管理成本；最后，不需要盘点，大大降低了店员的工作量，提升整体门店的运营效率。

其他的一些数字化管理技术在门店管理中也日趋成熟。比如另一项门店管理的作业——门店巡检，一旦门店数量增多，就需要招聘很多的督导人员，去每个门店巡检人员服务、货架陈列等日常经营规范性的情况。因为门店的分散性、巡店标准的不统一等问题，会耗费大量的人力物力，效果却不尽如人意。但是今天，一些大型连锁零售企业中，远程巡店系统的使用已经较为普及。系统与门店监控对接，所有操作数据汇总在App上，督导人员足不出户，直接在总部即可完成全国各地的巡店，这样一来，巡店效率被极大程度地提升，企业能够节约很多成本。此外，因为视频巡店直接在远程进行，也避免了店铺人员为了应付督导而做表面功夫的现象，将门店经营的优化落在了实处。

所以，门店要素的数字化可以极大地帮助门店实现降本增效。但是在很多传统门店，由于成本问题或业务本身较为复杂，业务的中间过程无法在线化，也就导致无法进行精细化管理。

而且很多线上渠道能轻易获取的信息，对线下门店而言却需要一些特殊的设备和技术手段去采集，因为线上和线下的很多作业逻辑完全不同，线下更多基于店员的操作习惯设计系统。

所以实现门店的核心要素在全业务过程中上线，是门店数字化、智能化必经的流程。

（2）要素对线下用户可见，提升线下购物体验

对用户来说，在线下门店消费，对于商品的体验是最直观的，但即便是能够直接接触商品，仍存在“距离”。并不是所有的门店都像苹果体验店和小米之家一样有大量体验式展台，绝大部分的门店，其商品还是通过展架来陈列，有些商品摆在展架上方，顾客需要抬头或踮脚才能拿到，有些摆在下方需要弯腰或下蹲才能触达，这就造成了用户与产品间的“距离”。再拿商品的可见性举例，很多商品的包装就是一个巨大的障碍，阻挡了用户对商品的进一步了解，比如模型玩具、图书等。

所以门店的陈列和展示，必须想尽办法缩短商品与用户之间的距离。未来随着AR、VR 等技术的普及，更多的商品信息可以通过数字化的方式为用户所见。

比如：商品对用户可见，运用数字技术使商品由表至里都能够对用户可见；场景对用户可见，场景帮助我们进一步收集商品的相关信息，建立对于商品的感知，甚至激发了对于商品的需求；服务对用户可见，在商品付完款，用户离店之后，服务也并未终止，而是让用户感知到包括安装、调试、退换货等售后服务，更包括使用指导、体验跟踪，保障跟踪等一系列服务能力；还有渠道经营要素对用户可见，就是将要素的选择权和控制权交给用户，供其按需自主交易。

第二阶段：双线协同

线上线下能力协同是各行各业讨论了多年的话题，主要是为了达成两个目标：第一，实现业务层级的互通，提升业务整体效率；第二，实现线上与线下能力互补。

（1）业务层级互通，提升业务整体效率

为了实现双线协同，除了大型零售企业有能力自建O2O平台，其他的传统线下门店的一般依靠第三方平台。如今的第三方平台多种多样，可以满足各种类型商户的不同需求，已经逐步变成社会的一种基础设施。

除了天猫、京东、苏宁等传统线上平台，企业更多的是基于业务需求，进行多平台入驻。例如生鲜、外卖类业务可以入驻美团、饿了么、京东到家等平台，解决3千米的即时配送到家的问题。餐饮和服务型门店如餐厅、酒店、KTV、理发店、健身房，借助口碑、大众点评等本地化商家信息平台。因为这些门店需要通过点评和推荐辅助消费者决策，所以入驻本地化的商家信息平台效果较好。总之，它们都是借助线上平台解决了引流、配送等问题。

早些年，很多公司在初尝O2O协同的时候都铩羽而归，因为解决不了线上线下同品同价的问题。一般而言，线下的价格都比线上要高，因为线下的场租、人员费用、管理费用、水电费用等运营费用远大于线上，结果肯定是线下变成体验店。

国内第一个做到真正双线同价，让线上线下融合进入全面实操阶段的企业是苏宁。2016年6月8日，苏宁宣布全国所有苏宁门店销售的所有商品将与苏宁易购实现同品同价，这意味着苏宁将店面和互联网相互打通，过去是线上全面比价，之后实体店也参与全网比价。线上线下价格同步之后就是库存

同步，一套库存，既支持线上购买门店提货和发货，也支持线下购买从中心仓配送到家的模式。

当实体零售与电子商务不再对立后，会员服务也亟需拥抱O2O融合的需求：将线上线下不同途径、不同形式的会员信息统一整合，实现O2O融合营销，实现从单纯的流量经营向用户经营的转型。

传统零售中线下往往使用实体会员卡，与线上会员体系相互独立运营。如此数据采集方式和管道没有形成统一的规范，数据普遍存在利用率低、重复建设、指标口径不一等问题。如今，会员融合在零售行业已相对成熟，线上线下会员融合后相互导流的玩法多种多样。以前线下的活动主要集中在五一、十一、春节等节日热点，现在也日益趋向于和线上活动统一节奏，如618、818、双11等诞生于电商的促销节点也广泛用于线下。

（2）实现线上与线下能力互补

第一个目标的达成，实现了线上线下资源和能力的统一配置，第二阶段的目标则是实现线上线下能力的互补，这依赖于特定渠道对优势资源有侧重性地分配，通过双线优势能力的互补，实现总体业务的高速增长。前面详细介绍过的盒马鲜生和小米就分别是线下补全线上能力、线上补全线下能力的优秀案例。

盒马鲜生门店依靠其自建场景，打造了现买现吃的堂食场景，为激发消费者需求，引流到店，结算时通过支付环节引流到线上盒马鲜生生鲜App，在线完成支付，形成了线下场景与线上交付能力的互补。

小米门店缔造的高坪效神话，我们已经深入探究过，一般而言，传统线上电商平台往往场景要素较弱，但小米是个例外，因为它是从线上起家，从小米论坛到小米生态智能产品的线上应用如米家、小米运动、小爱音箱，再到小米有品商城，形成了强大的线上大生态。它们提供了大量产品介绍和解决方案及用户使用心得，使得消费与商品之间的高度匹配在线上场景中完成，小米门店作为一个仓店一体的终端，考虑更多的是满足用户在交付环节的需求，提供如实物库存、移动POS 机、双线同价等服务，这些都是在强化门店的交付能力。所以小米线上场景的需求识别与决策支持的能力，与小米门店的线下交付能力形成了能力互补。

第三阶段：双线业务智能化

完成双线协同后，意味着实现了“场”的数字化，下一步要做的是利用“场”的数字化能力，增加对“人”的数字化洞察。

在前两个阶段，门店升级的核心始终是围绕业务推进，对于“用户”要素，只是在某个业务流程涉及的时候顺便收集，呈点状分布。到了第三阶段，我们的核心是“用户”，需要面向“用户”要素的全面数字化。这样做，一方面是为了增强与外部消费者的协同，另一方面也是为了在了解消费者需求的基础上，由此前单方面的渠道向消费者提供服务，转变为双方协作的模式。想要实现上述意义，必须围绕“人”的数字化和业务智能化这两大目标去落实。

（1）“人”的数字化

对传统线下业务而言，“人”的数字化是一大难题，业务数据分离，且标准不统一。在线上，所有业务都以数字化的方式执行，业务即数据。但在线下，受限于技术和成本，全流程的行为数字化非常困难，往往只能记录一些非常核心的节点行为，如进店、动线、消费等，中间环节的行为如商品浏览、表情、动作等往往被省略。

而且，收集到的数据分散在不同的系统之中，缺乏统一的标准。一些连锁门店在每个地区的数据标准都不一样，比如A 地区定义青年人群为15 ～35 岁，B 地区定义青年人群为15 ～40 岁，C 地区定义青年人群为15 ～25 岁，如果基于“青年人群”做促销活动，维度都不相同，自然影响业务执行效果。

新零售的线下门店，可以进行智能化改造，搭建可以实现用户数据智能采集的环境，成为洞察用户、感知用户、增加对用户需求理解的工具。

尽管门店数字化是时下非常火热的概念，但对智能化的改造误区极多。很多人认为使用智能摄像头、互动大屏等智能化设备就是门店智能化，但这只是一种个体的手段。完整的门店智能化改造，应包含用户感知设备的运用、显示设备的应用和互动设备的应用这三个方面。

- 感知设备的应用，提升门店对用户的感知能力

比较常规的手段是通过部署摄像头采集客流数据，基于区域热力图和停留时长指导优化动线和布局，以及统计客群对商品品类的关注。当下门店的摄像头很难精确采集人脸数据，大多数只能做人流的测算，相信不久的未来一定可以实现采集人脸数据准确匹配人脸库。

- 显示设备的应用，测试用户的需求

门店显示屏通常会有目的性地推送促销信息、活动信息，本质上就是在引导用户的需求点。“榴莲特价9.9 元”的页面，对爱吃榴莲的用户一定具有巨大的吸引力。

- 互动设备的应用，形成由用户和渠道构成的数据产品的闭环

例如智能试衣镜精准采集某个用户对于某类服饰的偏好后，就可以通过线上推送该类服饰的优惠券，促进消费者下单，完成线上线下配合。

当配备了智能设备之后，就可以考虑用户的数字化方向，主动采集客户

的人脸、体态、停留时长等数据，并通过大数据技术，形成对客户完整、动态的观察。

我们建议从四个维度进行用户数字化，包括用户总体计数和特征、用户个体描述信息、用户个体交易行为和用户满意度。

● 用户总体计数和特征的数字化

线下门店的摄像头人脸识别技术，由于精确度不够，无法捕捉到个体。因为人脸识别目前无法达到这种精确度，或者达到这种精确度需要的成本过高，主要是用来计数和确定人流动的范围。

● 用户个体描述信息的数字化

在特殊位置安装的摄像头，比如在正门口、电梯等较容易采集到人脸数据的位置，可以进一步分析得出用户的性别、年龄、职业等具象的描述信息。虽然仍属于简单粗暴的统计，却有机会与第三方数据结合，不断完成个体数据的积累，为精准营销做储备。

● 用户个体交易行为的数字化

门店除了在支付过程中的数字化外，对用户完整交易过程的数字化也是非常欠缺的，其实线下渠道完全可以利用用户全感知在线的特点，采集到比线上的搜索记录更丰富的细节。例如就像在《顾客为什么购买》一书中作者所描述的那样，他们用摄像机记录下了一个用户购买毛巾的全部过程，用户总共查看了几条毛巾、拿起了几件、用手抚摸了每条毛巾几次等，这些交易过程行为的细节都被记录下来。

● 用户满意度的数字化

传统的消费者满意度分析，多是通过满意度调查来完成的，这种方式主观成分较高，结果偏差大。其实通过采集用户在消费过程中的行为数据来判断其满意度，才是最真实客观的。

我们可以通过用户在门店中的表情数据、体态数据、停留时间数据来一一举例说明对用户行为满意度的测量。

用户表情数据。通过用户面部表情识别，我们可以直接对用户表情进行分类、分析，现在通常是用于互动引流，但事实上它同样可以帮助我们对用户的满意度进行分析，我们的目标是使用户更多地微笑和点头。对于用户面部表情数据的分析包括眼动分析，其实很早就已经被应用了。可以观察用户暴露在特定环境下，注意力焦点的变化、停留时间长短、瞳孔的扩张与收缩、面部表情的变化，来对环境或软件的界面和内容的满意度做出评估。

用户体态数据。识别用户体态重心的变化及其变化的频繁程度，可以用于分析用户在门店中的行为。因为重心的剧烈变化代表商品陈列可能出了某些问题，在商品与用户之间存在某种障碍。这种情况对于某些特定人群的影响会特别大，比如行动不太方便的中老年人和儿童，会严重影响他们的满意度和购买决策。

用户在环境中的停留时间。这一指数能够综合反映环境的吸引力和舒适程度。停留时间越长表示用户对环境的满意程度越高，这意味着他会获得更好的体验和更高的感兴趣程度，购买的概率也就越高。

（2）构建业务智能化算法

当门店智能化采集到足够丰富的用户消费数据，还需要构建智能算法对各项指标进行优化。智能算法以提高销售、用户满意度、转化率为目标，建立起个体用户与经营四大要素（商品、服务、场景和交付）之间的一对一关系。

四大要素的变化与消费者的行为变化息息相关，双方互为影响，基于四大要素形成的自变量和经营指标构建的哑变量构成智能化算法模型。

- 自变量

自变量指经营四大要素（商品、服务、场景和交付）的数字化指标，而指标之间又会组合形成交叉指标，例如商品和不同场景的组合，同样是三文鱼，在大型超市的冷柜还是在盒马鲜生，对消费者来说感知可能截然不同。

- 哑变量

用户描述类指标如消费者的性别、年龄、职业等特征可以视作哑变量，哑变量的引入可以使算法在表述上更加简洁，同时也可能成为影响用户满意度的关键变量，所以我们以这些特征为基础去构造分段函数。这在线上渠道的用户运营中应用得非常多，例如店铺千人千面的推荐页，用户标签就是某种哑变量，基于此会向客户推荐不同的商品，例如在一家服饰店女性看到的就是连衣裙和高跟鞋，而男性看到的可能就是西装和衬衣。

关于整个过程是如何实现的，我们以用户满意度进行举例。当前，测量用户满意度的指标大多是通过服务评价、用户体验追踪和一些间接指标如GMV（成交总额），但这些指标存在滞后性和非客观性。例如用户评价可能是刷单产生的，或者是在较多因素的诱导下实现的，所以用户满意度很难直接测量，也就很难实现对门店经营的调整优化。

随着智能识别技术的发展，数据采集更加实时和精准，就可以通过线上或线下经营的四大抓手来影响用户行为、提高用户的满意度，最后提高线上或线下的销售坪效。

例如，门店摄像头捕捉到用户在浏览商品时，弯腰、踮脚、下蹲等重心变化，将其变化的次数和偏离正常重心的比例，作为评估用户满意度的单项指标，这一指标与商品的可见性指标存在高度的相关性，于是我们就能一定程度上知道用户整体的满意度。之后门店可以根据指标调整货架陈列，调整后的指标又会产生新的消费者行为和经营指标数据，形成真正意义上的“活数据”。

在线下零售智能化发展的第三阶段，随着对“用户”要素的采集和挖掘，有机会改变之前渠道商与用户的单向服务关系，通过与用户的互动，使用户全过程的消费信息被系统记录和感知，系统再基于智能化算法给出推荐，双方的关系变成一种新型的协作关系。实现门店业务向更高的智能化发展，通过用活数据和智能引擎驱动业务发展。

第四阶段：零售基础设施建设和零售能力输出

零售的智能化演进过程，经历了前三个阶段，达到业务数字化、双线协同和基于人和场数据及智能化的业务驱动模式。而新零售的本质是最终实现产业协同，所以在第四阶段，将以零售基础设施开放共享的方式，对外赋能，实现跨产业的价值协同和信息协同。

（1）新“人、货、场”，打造零售基础设施建设

传统定义下，“人、货、场”是零售的三大要素，“人”指渠道内的流量或用户，“货”指渠道内的商品，“场”指面向消费者的端或不同的渠道业态和服务，这个端可以是线上电商平台也可以是线下门店。可以看出，“场”实现“人”与“货”的连接。

新零售重新定义了“人、货、场”的概念。

“人”指消费者和客户，这是一个“场”外的变量；

“货”不是指商品，而是指供应商和制造商；

“场”指场景+渠道，渠道四要素为商品、服务、场景和交付，所以传统零售中“货”（商品）是作为“场”的一个要素出现的。

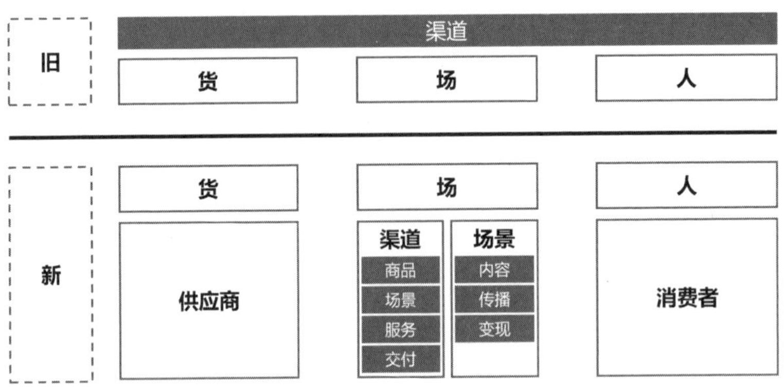

图6-1　新旧“人货场”理论对比

传统的“人、货、场”理论是在说渠道内的关系，因为传统零售只考虑商品到消费者的零售交付行为，没有考虑到制造端的协同。我们所提的“人、货、场”理论是强调消费者与场景、渠道、供应商（制造商）等不同主体、产业间的协同关系，包括场景角色的协同、制造业协同以及新的零售业态的协同。

- 第一种类型：人与场景的协同

消费者与场景的协同，共同完成场景流量的分发，由此构成了重要的场景要素，完成对其他用户的信息收集、决策分析和提供购买建议的场景的作用。此时的消费者既是场景服务的角色，同时自身也构成一种场景，参与到价值创造和价值分配的过程中。

- 第二种类型：场景与渠道的协同

场景与渠道的协同或融合，将重构用户决策和交易链路。完成用户需求信息的高效采集，并通过场景和历史交易行为对用户的需求进行预测，帮助用户高效选品。

- 第三种类型：人、货、场三者的协同

人、货、场协同是指消费者与场景、渠道、制造商四者协同，重构需求、设计、制造和交付的业务链路，基于用户个性化需求实现按需制造，即由用户需求驱动的产品制造。新零售要打通场与货之间的信息壁垒，除价值协同外还要解决跨产业、跨组织的信息协同问题。

- 第四种类型：新渠道业态的协同

新零售模式下产生的新型渠道业态包括智能硬件、内容型场景等，通过智能硬件获取环境和需求感知能力，通过智能算法在信息层面提供最佳的需求与商品制造的匹配方案，通过区块链等技术让支付更加安全。未来相当规模的商品都是通过程序化交易完成的，这是零售能力作为基础设施，对用户的需求进行高效和高质量的响应。

（2）零售能力输出

人、货、场三者的协同是以零售基础设施的数字化开放为前提条件的，也称为零售能力的对外输出。

之所以只有零售能力的输出才能实现产业协同，是因为关键点在渠道。首先，渠道是产业价值协同和信息协同的枢纽，渠道向前连接场景端，向后连接制造端，消费者在需求侧直接进入渠道，通过最短链渠道完成消费。其次，协同的价值是通过渠道中的用户消费来实现的，所以必须由渠道来完成价值在各产业间的分配。渠道在协同中起到了关键性的作用，却依赖于渠道主动的零售能力输出。

渠道的零售能力输出分为三类：

- 供应链能力输出

这种方式在目前电商的玩法中十分常见，2016 年苏宁在天猫平台开设的苏宁旗舰店简称猫宁就是典型的供应链能力输出的例子，京东开普勒与爱奇艺合作的京奇计划使用的也是供应链能力输出的方式。这种方式的优点是，电商提供了核心的供应链能力，从商品、价格、库存到物流、售后服务等以API（应用程序编辑接口）方式提供给合作方，实现了同品、同质、统一服务。另外，商城的前端的功能、交互体验、特殊的交易链路设计，可以由合作方自行处理。

- IT 能力输出

大型的电商类企业动辄拥有上万人的研发团队，积累了大量的IT 能力，这些IT 能力可以开放给第三方使用。第一类以阿里云为代表的云能力基础设施的建设和对外输出；第二类以业务中台为代表的支撑核心交易业务的IT 能力，如有赞、Salesforce、Shopify；第三类以前台服务为主的其他技术，如搜索、推荐等能力。

- 智能输出

零售是商业智能化起步和应用较早的领域，阿里等具备长期研发经验的企业已陆续推出人工智能开发平台，为零售企业进行智慧赋能。2020年3月，中共中央政治局会议强调加快推进国家规划已明确的重大工程和新基础设施建设，这里提及的“新基建”，主要包括5G 网络、数据中心、人工智能、物联网技术等领域，具有开放、协同的特点，在技术发展的最初阶段就要具备平台化、服务化、生态化的特点，所以接下来，智能输出将是大势所趋。

第七章

新零售的未来

从2016 年阿里巴巴初次提出新零售概念，到现在已经过去了4 个年头，各大零售玩家随后也分别提出了“新”零售概念，而且各自进行了种种实践，正如在前几章中我们看到的，带有很强的阶段性实验和试错的意味。正是基于对新零售从理论到实践方面的梳理和反思，我们将总结新零售的五大核心特征，包括新关系、新角色、新连接、新业态、新融合。它将是我们区分新零售的概念以及指导新零售实践的五条黄金法则。

◎ 第一节 新关系：服务变革

放眼全世界的零售市场，渠道商与供货商之间的博弈由来已久。很多商超收取五花八门并且高额的进场费用，供应商入不敷出。渠道商的付款条件也越来越苛刻，不仅占用供应商、厂商的货款，甚至还衍生出供应链金融产品反过来贷款给供应商或厂商。

渠道商和消费者之间的关系，也并不如意。虽然每个平台或商场都宣称顾客是上帝，要为消费者提供最好的服务，但事实上，从零售商的视角，消费者往往被当作没有个体意识的总体来看待，是流量，是平均转化率，是平均客单价这些围绕销售的指标。平台无时无刻不在盘算着，通过哪些手段来控制和诱导客户的消费行为，比方说对消费者进行分类，推荐不同价位的商品等。

所以传统零售语境下，无论是渠道商和供应商，还是渠道商和消费者，都很难用“友好”这个词去形容它们之间的关系。

关于新零售本质的探讨，有人认为新零售可以让渠道商更好地服务供应商，也有人从渠道商与消费者的关系角度思考优化。我们认为，在零售生态内，任何从单一关系角度去思考、理解渠道商所发挥的作用，都是片面的，不过是徒劳的平衡利益的手段。

新零售应该意味着渠道商、供应商与消费者三者之间的新型关系，在这种关系下，渠道对消费者和供应商都能够保持同等的友好。

从销售到服务，渠道与消费者关系的改变

（1）明智购物：将控制权交给消费者

在第三章中我们曾重点分析了Costco的精选SKU策略，像Costco这样通过缩小用户商品选择范围、降低用户的认知负担、提高决策效率的方式，是以牺牲用户的自主选择权为代价的，即让用户失去了选择某些更适合的商品的机会。淘宝倒是给予消费者更多的选择，但决策过程复杂，决策成本过高。

上述两种渠道都无法满足消费者明智购物的要求，尽管它们在当下已经是业内翘楚。我们不禁要问，在不缩小用户选择权的情况下，就能提高决策效率，并达成明智购物，这三者是否是互斥的目标？

在传统零售的框架下，同时满足这三个目标确实是无解的。

如若希望消费者达成明智购物，首先要能够识别用户需求，有针对性地向用户推荐商品。其次，帮助用户收集商品信息，提供信息框架和决策建议，并提供一套靠谱的决策支撑系统来降低决策成本和提高决策效果。

在新零售的框架中，渠道引入了场景角色，借助场景来识别需求，通过场景帮助用户完成决策，通过渠道与场景的融合，主动将商品推向用户。

总之，新零售能做到识别和激发消费者隐藏的消费需求，从数量庞大的商品库中筛选出最符合需求的几款产品，展现在用户的浏览界面上。如此能有效减轻消费者的认知和决策负担，让消费者觉得十分友好妥帖。

（2）避免干扰，把控制权交还消费者

当我们漫步购物中心，看中一件满意的商品，本想静静地欣赏和体验，

这时走上来一位推销员，然后喋喋不休地说服你买这件商品甚至是推销另外的产品。但他说的是你不需要甚至反感的信息，这时候我们只能说“谢谢”然后快速走开。

随着用户个性化的持续觉醒，消费者愈发抗拒传统的销售方式。消费者在面对复杂商品时本就存在选择困难，加之销售人员天花乱坠的推销，更是如堕云雾。

传统线上电商渠道，是否就是一方不受打扰的净土呢？当然不是，在你浏览商品的过程中，各种推销总会通过大数据算法精确地出现在你的首页，目的是将流量“用活”。

面对商品销售，新零售的逻辑是如果没有把握提供精准的帮助，那么尽量减少干扰。苹果、小米、华为等零售体验店都较为契合这一理念，消费者可以随意试用产品，自己做出判断。

如果说传统商店的店员是“销售员”，目标在于卖出所负责品牌的产品，体验店的员工则更像“导购”，分散在角落，仅在用户需要进一步了解或帮助时出现，提供解决方案辅助决策，令消费者如若置身兴趣社区而非购物场所。

苹果的销售人员会告诉你使用中可能遇到的问题和解决方案，这是在用户尚未意识到时便帮助发现需求。之所以能做到这样，是因为销售人员也是最忠诚的果粉，也是从不熟悉产品到一步步学习精通，将销售变成一种与用户之间的共鸣交流，这也解释了为什么品牌渠道越来越占据市场忠诚度，坪效也相对较高。

在零售渠道商卖场模式中，BestBuy(百思买)也采用了类似的方式，店员都是卖场专职营业员，而非合作品牌商人员，且导购人员的专业性非常强，相当于半个产品专家，在必要时为消费者提供相对客观的建议，帮助用户消除下单的顾虑，这就是服务的价值。

渠道变成适时、适度提供有价值的服务，而不再是强硬地让消费者看自己想展示的东西。当用户需要进一步了解商品时，便提供告知服务；当用户需要静静体验时，就为其提供私人空间。

把控制权交给消费者！这是新零售喊出的口号。新零售要创造一种在渠道和消费者之间自由的空间，在这里消费者是主导，而不再被渠道商控制和绑架，想体验哪件商品、想体验多久都遵从自己的意志。

（2）极致体验，新零售全方位的体验提升

渠道商与消费者的关系如何才能更加融洽？有人说，只要能以更少的钱让用户买到更好的东西就行，这个回答毋庸置疑。不过新零售的确可以通过为消费者创造更极致的体验，让“消费收获”进一步升值。

传统零售一直以来都非常注重对消费者体验流程的优化。说到购物体验，我们自然首先会联想到线下，因为线下的商品看得见、摸得着，购物体验天生优于线上。对线上战场来说，现在主流电商网站的页面交互体验几无差别，很难形成竞争优势，所以体验的差异又逐渐向线下服务转移。

尽管传统零售的渠道商已经绞尽脑汁，通过各种策略和手段去提升消费者的购物体验，但由于历史局限性，优化针对的范围始终在消费者购买行为阶段，对用户购买之前的需求挖掘、信息收集、决策过程，并无足够的服务支撑。

对用户而言，针对一件商品的决策与购买本来是一体的过程，但随着购物要求的不断提升，逐渐被分化为两个过程，而这两阶段对于能力和信息的要求是不一样的。

消费决策过程实质上就是收集、分析信息并形成知识框架，获取决策建

议的过程，这实质上是消费者的需求与产品信息匹配的过程。该阶段的特点是信息密集，并且对信息的规模和质量有非常高的要求。

消费执行阶段则强调执行、履约的效率，如在决定购买商品后，能够便捷地找到所购商品，多商品集中下单、集中支付，使用多种支付工具进行支付，实现更快更准的物流。

传统零售模式下，渠道提高了消费的执行效率，却选择性地忽略决策环节的重要性，原因是消费者的决策成本并不在渠道考虑范围内。渠道提供更多的商品供消费者选择，也带来了副作用，信息量巨大、过载会导致用户的决策效率低，继而影响整体消费效率和消费满意度。

新零售首次将用户的消费体验范围延展至消费行为前的需求、信息收集和决策阶段，提供的是包括用户感知—认知—决策—消费行为等全流程、全方位的消费体验，如图7-1 所示。

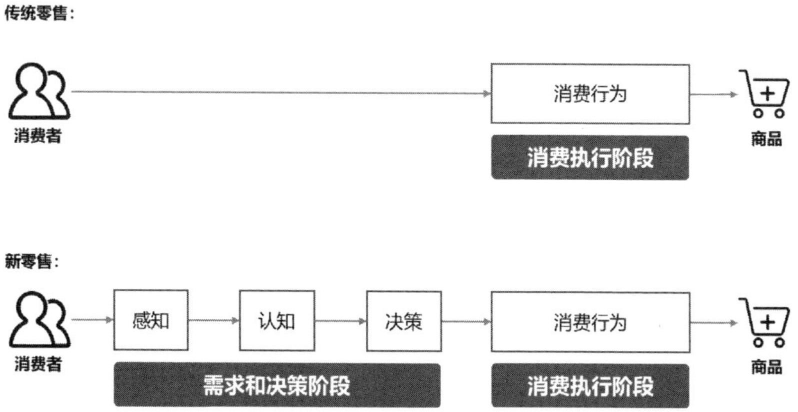

传统零售：
消费者
消费行为
消费执行阶段
商品

新零售：
消费者
感知
认知
决策
消费行为
需求和决策阶段
消费执行阶段
商品

图7-1　新旧零售体验范围

范围的延展自然带来体验的提升，主要体现在三个方面：

首先，快速进入体验。新零售通过渠道与场景的融合，实现由场景到渠道的快速进入，可以减免用户的重复操作，如重复下载、重复注册、重复绑定支付账号、重复编写收货地址等。

其次，信息匹配体验。新零售通过场景来更有效地收集需求和收集相关商品的信息，缩小了消费者所面对信息的总体规模，提供分析框架和决策建议，实现商品信息与用户需求的精准匹配，降低用户的认知负担，提高决策效率。

最后，交付体验，在支付和商品交付环节。关于下单、支付、送货、售后等过程的服务体验，传统渠道已经做到了极致。新零售不是将传统零售推翻重来，而是在传统零售的基础上，利用传统零售的资源和能力，补足传统零售的短板，通过专业分工和业务协同来提升渠道的效率和消费体验。

从竞争到合作，渠道与供应商关系的改变

谈过了新零售时期渠道商与消费者之间更友好的关系，接下来我们将目光转向渠道商与供应商。

在传统零售时代，核心问题是解决“买得到、卖得掉”，无论是线下卖场还是线上电商平台都能很好地完成这个任务。特别是在中国市场，线上渠道的发展速度超乎全世界的预期，造就了“渠道为王”的时代。

这个时代，渠道强势、供应商弱势已是不争的事实。供应商不断受着渠道商的“欺压”，也在不断地反抗。渠道商与供应商之间的关系一直都是既互相依赖又暗中博弈。

（1）传统零售渠道与供应商的固有矛盾

随着供应商和渠道商之间的博弈，双方形成两大固有矛盾。

第一，价格压榨。回顾线下门店时代，家乐福、苏宁、国美等传统渠道商，本质上更像是打着零售旗号的商业地产商，单向定价，打乱供应商、

制造商的价格体系；商品欲进入卖场，供应商首先要交“进场费”和“条码费”，上货架要交“陈列费”，节假日要交“促销费”，商品卖不出去，渠道商可以向供应商退货，商品卖出去，供应商和品牌商几十天之后才能拿到结款。

第二，垄断用户和信息。跨入电商时代后，淘宝、京东等电商平台的崛起垄断了用户和相关消费信息。消费者在打算购物时，首先想到的是选择哪个平台而不是某个品牌。

原本，消费者和品牌之间的联系才是更持续且长久的，紧密程度远高于渠道。因为消费者最终购买的是某个品牌的商品，对该品牌的商品的喜好、使用功能、使用习惯都可以看作是用户自我的外化体现。

所以品牌是影响用户消费行为的非常重要的变量，只不过长期以来被传统零售渠道刻意弱化，并因此导致了商品选品和推荐的“杂乱”。这样不良的关系藏着隐患，品牌商长期被弱化一定会考虑反抗，想要脱离渠道的掌控。

（2）新零售将会员还给品牌

5～10 年前，中心化的电商平台曾对传统零售行业造成了巨大的冲击，因为电商平台将分散的信息流聚合在一起，通过中心化的方式提升了用户的购物体验，降低了整体成本。

而如今，电商平台作为流量中心的地位也受到了挑战，因为不仅是线上购物平台不断增多，抖音、快手、微信等社交渠道也不断开启新阵地，不断侵蚀着电商的固有领地。还有一点很重要，品牌商也开始反抗电商平台的榨取，自建、自营品牌渠道。

我们看到越来越多的大品牌比如华为、小米、海尔，都开始自建电商门户。以前是S（品牌商）—B（电商平台）—C（用户）的模式，如今形成S（品牌商）—C（用户）的模式。电商平台作为供应链中心的角色被动摇，用户更倾向于在品牌的专属渠道购买商品。

新零售到来时，可以进一步改善渠道与品牌的用户争夺战。通过提高消费决策效率、页面直达、会员打通，实现渠道内部阻力降至最低，从而使渠道透明化。

届时，渠道商会放弃对用户的争夺，将用户还给品牌，并利用算法、模型帮助消费者更深刻地理解和亲近品牌，渠道同样可以隐形获利。

实现上述愿景，需要利用渠道积累的零售能力，对供应商进行赋能，帮助他们理解客户需求，更好地进行销售。在此过程中，用户和商品的主导权在供应商或品牌商，渠道只是作为专业的能力提供者。

（3）打破博弈，创造三方友好关系

不仅仅是单纯的一对一，在新零售环境下，可以从本质上打破渠道商、供应商与消费者三者无法和谐共荣的僵局。

随着消费者认知和需求的提升，以及供应商和品牌商力量的崛起，渠道将改变在整个零售生态中的“霸王”角色，不再试图控制消费者、压榨供应商。

新零售的渠道商将放弃传统的高成本会员获取方式和以价格为核心的营促销方式，借助低成本的用户获取、整体消费体验提升，带来高销售转化，从而降低渠道自身成本。

渠道商通过为消费者创造极致的消费体验，提高消费的满意程度，实现明智消费和更快成交，从而降低交易成本、提高商品的周转速度。

渠道商将通过向供应商开放供应链能力，降低供应商成本。

也就是说，渠道商能够同时实现对消费者、供应商的完成价值的交付，不是靠价值转移或成本的转嫁来实现的，而是通过产业协同，带来从需求到制造全产业价值链的提升。换句话说，是新的生产关系带来的价值增量造就多方收益。

综上所述，新零售正是通过上述三重成本的优化，最终实现整体价值链的成本降低，从而破解了渠道、消费者与供应商三者之间的根本性矛盾。这将打破传统零售长久以来的单向链状关系，由以前的渠道商决定卖什么产品、提供什么服务，供应商只能听从安排配合，消费者只能选择已经摆上货架的产品或服务，转变成为渠道商、消费者、供应商多方共赢、更加友好的新型关系。

◎ 第二节　新角色：场景革命

新零售势必会促成渠道商、供应商、消费者之间形成更友好的新型关系，改变其实不止于此。在未来的零售价值链中，在提高信息的匹配度方面，有一个元素的重要性将会逐渐凸显，并最终形成价值链中至关重要的一环，这个元素就是场景。

现在大众认知的新零售实质上是指新消费，而无界零售代表着业态的深化，本文所理解的新零售其实是指场景的进化。场景角色从渠道中分化出来，提高了价值链中各角色（渠道、供应商、制造商）对于消费者需求的理解，具有独立的价值创造能力。

正确理解“场景”

前面我们通过介绍hygge店、小红书等业态，讲了很多场景元素的妙用，但很多人还是对到底什么是场景心存不解。我们认为，场景角色就是价值链中能够起到激发用户需求、识别用户需求、提供决策相关信息的，具有独立身份、价值诉求和能力的市场主体。

由于在传统零售中，场景并没有明确的角色定位，因此这一名词经常被混淆误用。某零售商在某个城市新开了一家新业态的店，或者深入三四线城市开设社区店，或是跨界收购了连锁卖场，便声称是增加了新的零售场景，可这到底是不是真正的场景？答案是否定的，上述行为只是渠道在其宽度或深度范畴的延伸。

渠道是提供交易服务、交付服务，支持用户完成交易行为的场所。阿里巴巴、京东、苏宁、家乐福、沃尔玛、Costco 都可以视作渠道。而渠道又有不同的形态，分为平台型电商、垂直电商、线下连锁店、百货店等，并且可以涵盖多种组合，例如苏宁就包括线下连锁、苏宁广场、平台型电商等多种业态。

在我们提出明确的场景概念之前，从当下的价值链角度来看，人们只能模糊地意识到一些实体或虚拟的空间，承载了一定的信息及服务，能够帮助消费者更有效率地购物。

渠道和场景在这方面具有相似性，所以才导致人们在指代时产生误用。这种混淆也多见于很多企业的实践中，将渠道扩张错误地理解为场景扩张，这种错误的认识将导致整体发展布局策略的偏差。

我们可以从功能上对渠道和场景加以简单区分，如图7–2 所示。

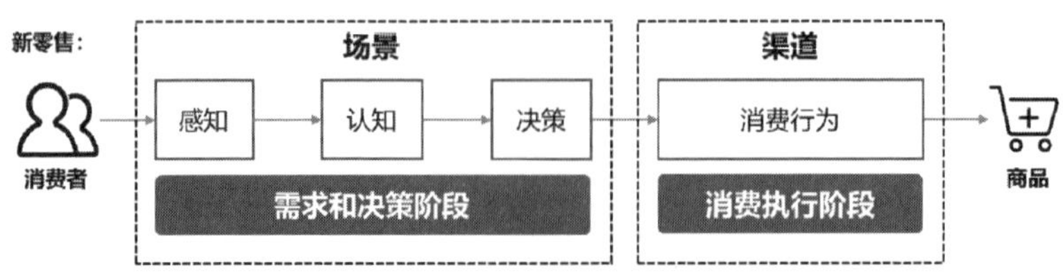

图7–2　渠道和场景的服务阶段区分

渠道服务于用户的消费行动阶段，它的目标是为用户提供高效、安全、良好的消费体验，如便捷地找到想要的商品，实现一次性打包下单，安全地完成支付，高效地进行商品交付（仓储、物流、退换货服务、售后服务等）。

场景则服务于用户的需求和决策阶段，要求提供客观、可信、聚焦的商品信息服务。渠道和场景是完全不同的市场主体，两者在能力和资源的要求上也是不同的，互相不可以替代。

场景对消费者的作用

电影《华尔街之狼》中，莱昂纳多·迪卡普里奥扮演的华尔街传奇人物乔丹·贝尔福特在传授推销技术时，对学员说，把一支笔卖给我。学员们基本都在描述这支笔如何地好，这是一种渠道化的手段，只有一个人说："请为我签个名。"

在乔丹没有笔的情况下，通过创造"请为我签个名"的场景，激发了他对于笔的特定使用需求，继而引发购买行为，这就是场景的作用。

场景作用的本质就在于将消费者的注意力从产品特征转移到用户的自身需求，当消费者意识到这是自己需要及时满足的需求时，会更容易接受你提出的解决方案，也就是购买商品。同时它还具有避免直接向用户介绍产品功能的好处，规避了用户对产品功能的过多关注及过高预期。

这一点和传统渠道传递的信息特点有很大不同，无论是线上还是线下渠道都是介绍产品的重要功能，但这会导致用户过早地锁定某个功能，如果你介绍的内容根本不是用户关心的，效果会适得其反。

（1）提供更多维度的信息，提升用户感知能力

对消费者来说，传统渠道商一个明显的硬伤就是传递的信息不足。

一方面，传统的线上电商更多的是从视觉层面提供商品信息流，模式相对单一，无论多复杂的产品都只有一页详情介绍。另一方面，虽然线下门店能够为用户提供可接触的商品服务，但由于展示空间的有限性，销售人员对产品的了解程度参差不齐，无法有效整合商品和品牌信息，也无法向消费者做更全面的传达。

场景提供的信息将一改传统零售的弊端，将信息的价值，最大化地展示给用户，因为场景在信息层面拥有下列优势。

第一，场景帮助用户完成信息收集。场景聚焦的领域范围窄，在这个领域范围内的用户相似度较高，大量用户会提供信息，以互助的方式完成信息收集的工作。

第二，场景的信息价值相对更高。在同样场景下，用户的需求相似，因而具备同理心，所以反馈的信息维度、主题也相对一致，对其他用户来说收集的信息也就更客观、更值得信赖、更具有参考价值。

就像KEEP的用户，都有运动健身的需求，但根据其自身掌握的健身知识储备量分为健身小白和资深运动用户。用户将运动过程和记录数据、知识、经验等分享到社区，当这些信息指向某些特定商品时，对该商品进行信息收集的过程就在互动和讨论中自然地完成了。

第三，场景强化信息整合。与传统零售商品信息分散在各个渠道，信息复杂且冗余的情形不同，新零售的信息具有相关性和自组织、双向整合等特点。新零售的特定场景中，将聚集大量具有类似需求的用户，自发或有组织地收集信息，商品信息来源也更加多样，既有官方介绍，也有众测，最终为其他用户提供商品的横向比较信息。

（2）提供更好的分析框架，提升用户认知能力

过去，传统零售提供的产品信息乏善可陈，基本都是零碎的罗列，既无法优化信息规模总量，也无法合理控制信息的分布。随着商品数量、商品复杂度和用户个性化需求的不断增加，用户越来越需要一个完整的商品分析框架，来帮助提高商品的认知和分析能力。

拿买房来说，除了基本的户型和面积等可见信息，生活配套、教育资源、交通便利程度、夜间噪声等要素，甚至一些开发商广告中未提及的信息，对每位用户而言价值的重要程度并不相同，所以很难形成固定标准。但有经验的老用户可以依据你的实际需求，对这些因素进行重要性排序，如此就构成了信息分析框架，能快速减少待决策商品数量，从而提高商品筛选的效率。

新零售为消费者提供的，正是基于场景对客户需求的理解及洞察，再通过具有同类需求用户的经验指导，搭建出合理的商品分析框架，从而为不同的顾客推荐合适的商品及服务，定制个性化的解决方案。

如此不仅可以通过信息框架的优化，降低用户注意力负荷程度，还能让消费者感到更亲近，可以有效提升会员忠诚度。

况且，传统渠道中由于学习成本很高，决策周期也相对较长，场景在提升决策效率、缩减复杂商品的学习成本上起到了非常重要的作用。

（3）提供更权威的建议，提升用户决策效率

用户在消费决策阶段所收集信息的质量，即信息的权威性，对用户整体消费过程的影响力越来越强。例如购买汽车时，在安全性能指标上，美国国家公路安全委员会（NHTSA）的碰撞试验报告已广为汽车厂商所采用，其权威性、公正性深受消费者信赖。

现在国内消费者面临的最大问题是缺乏值得信赖的信息源，传统零售在用户消费决策阶段提供的信息支持存在很多不足，拿互联网电商举例来说，有以下几个方面的不足。

第一，缺乏产品间的横向比较。

大量用户评价，都是发布在自己购买的商品下。这是从产品维度来组织信息的，而非从用户需求维度。

第二，信息量冗余，缺乏系统的分析框架。用户评价基本都是零碎、主观的片段信息，缺少完整的产品分析框架。

第三，评价者无权重之分，缺乏信任背书。对同一款产品，使用10年的，和使用过产品一次的评价者，得出的结论肯定相差很大，但这些差异在电商平台的评论中无法区分。

第四，评价内容被操纵。基于利益驱动，一些负面评价内容常常被屏蔽或隐藏得很深。淘宝用户经常通过店铺交易量和其他用户的评价，来判断商品及服务质量的高低，所以就滋生出很多商家刷单、刷好评现象。

前面我们已经说过，新零售的场景中的意见领袖一定是更让用户信赖的对象，提供的信息也更具参考价值，因此，场景下消费者做出购买决策的感性因素会被放大。

意见领袖不一定是人，也可能是机构或组织，重点是具备权威形象、提供权威信息，对用户消费决策产生核心作用。买车的用户可能会关注交通运输部公布的统计数据，看哪个牌子哪款车的事故率较少，以此评判安全性；与之类似的，我们在挑选同一品类的商品时，如果更注重产品外观，会考虑产品是否获得过IF 工业设计大奖、红点奖等，这都是基于我们对权威信息的认可。

从上述角度出发，我们就可以理解现在轰轰烈烈的网红带货现象，这个行为很大程度上更具感性色彩，因为他们的行为，就是你购买最直接的理由。

场景对传统渠道的重塑价值

新零售加入场景概念后，除了上述所说的提升信息服务能力，还将从另一方面对零售业产生深刻变化，那就是提升渠道能力。

场景首先是对渠道进行改造，改造后的渠道将对商品和信息的两个连接产生价值。

（1）商品的连接层面（自供应商到消费者）

渠道改造后带来的第一个层面的价值，体现在渠道解决了商品与用户的连接过程中，物的传递和流转顺畅度问题。

一般评估渠道的能力从三个维度出发：广度、深度、顺滑度。可以将其类比为一根水管，水管的输水能力取决于它有多粗（即广度）、多长（即深度）、多光滑（即顺滑度）。

对线下渠道来说，渠道广度是指渠道覆盖的区域的大小，如该渠道覆盖了多少省、市。渠道深度是指商品下沉市场的层级，比如苏宁的零售云精选店下沉到了四六级县镇市场。渠道润滑度则代表渠道终端的效率和能力，终端的商品陈列、上架、库存、导购和推销等能力，决定了用户在终端接触到产品的阻力。

对线上渠道而言，传统电商平台对渠道广度的定义主要是有多少注册用户、日活、流量等。至于渠道深度，在我们看来，现在的平台型电商是扁平状的，因为缺乏场景的深入，因而也谈不上深度。

线上渠道的顺滑度可以理解为商品在终端的展示、出样、主推、缺货率、智能推荐、千人千面等，但现在这些做得并不好，就像前面讲的搜索卫生纸出现4800个SKU一样，用户的认知负担相对较重，渠道终端的阻力仍比较大。

总而言之，对渠道而言，无论是线上还是线下模式，都会考虑在有限资源下，平衡广度、深度和顺滑度三者的指标，使价值最大化。但由于传统渠道无法解决用户需求的识别难题，也无法从本质上解决供给侧的矛盾，所以一直是治标不治本。

场景角色的引入将从内在重塑渠道，未来的零售将通过渠道上移至场景，使渠道由中心化电商平台，向场景化专属渠道转化。由此可直接带来渠道的广度、深度、顺滑度的改善，从而最终实现渠道与用户之间商品整体交易过程的体验优化。

- 场景重新衡量渠道的广度

传统零售将渠道广度的指标定义成该渠道拥有的会员数量，但现实是：只有流量具备价值，指标才有衡量价值，而无场景形态下形成的流量没有价值！

这并非危言耸听，因为非场景流量不能表达明确的需求，而场景中的流量是带有明确需求指向性的，两者比较之下，非场景流量的投产比非常低。随着未来电商平台的到达，流量持续细分，中心化平台模式势必会逐渐衰落。

届时，所有交易流量都将是场景流量，场景流量又会自然地流向场景专属渠道，不会外流，所以最终其他类型的流量都不复存在，传统电商平台的流量会彻底枯竭。所以，我们应当基于覆盖在场景下的用户数量来重新衡量渠道广度，那么这个渠道广度的本质也就是流量价值。

在互联网整体流量增量减少、传统电商平台流量见顶的情况下，如何挖掘存量价值是各方摸索的一致方向。我们认为，场景流量将是破解流量见顶的有效方法！

一些应用场景流量的渠道已经逐渐成长起来，尤其是大多数内容信息流产品的核心，都是切实让用户感兴趣的场景，比如知乎、抖音、小红书等。

场景在当前的渠道中尚未被完全开发，拥有巨大的存量空间，将为新零售带来新一波流量红利。

- 场景增加渠道深度

渠道深度，尤其是线上渠道的深度是指，场景和渠道共同在某些层面介入并影响用户的消费行为，这些层面包括用户个性、价值观、动机层面、需求层面、态度层面、行为层面、习惯层面等。

因为渠道是用户完成消费执行过程的场所，所以渠道只涉及用户的最后购买行为阶段，缺乏场景的深入，了解的信息往往没有前因后果，也没有左右关联，仅仅是某个截面信息，故而根本谈不上深度。

但新零售下的消费过程，特别是决策过程会融入每个生活场景中，场景会触及用户的个性、价值观、动机、需求、态度等影响消费决策的各个层面。渠道再通过与场景的融合，实现“场”的深度。

- 场景增加渠道的顺滑度

传统零售一直在解决“买得到”和“卖得掉”的问题，即解决商品到达消费者手中所需的时间与空间的多少问题。业内通用的手段是，采用压缩渠道层级来控制渠道成本，通过精准、高效的信息流提高商品的一次送达率，从而降低仓储、物流成本，提供更好的终端服务，最终增加渠道的顺滑度。

但是，传统零售仅能从渠道内部解决种种阻塞问题，很难从外部的消费者需求入手。迫于竞争压力，渠道商采取种种手段，可能最终让用户购买了一些不需要的东西，给消费者造成浪费。同时也向品牌或供应商传递了某些错误的信号，导致一系列供给侧的问题。

新零售因为理顺了需求和供给两侧的关系，从而使渠道即便在宽度和深度不变的情况下，顺滑度更好。

比如，实现商品与消费者的一对一连接，既节约了连接成本，也提高了连接的效率，缩短了商品在渠道中的流转周期，渠道投入在润滑举措（如营促销、备货准确性等）的成本更低。另一方面，场景化渠道也能够采用非标准的、有针对性的交易链路设计，实现分散化交易。

（2）信息的连接层面（自消费者到供应商）

- 消费者—场景—渠道—供应商

渠道改造后带来的第二个层面的价值，是在用户到供应商自下而上的过程中，渠道可以获得由场景提供的真实有效的用户需求信息，再高保真、高效地将其传递至供应商，并从中获益。

场景专属渠道的供应商，需要与场景、需求精准匹配，不同于传统渠道的多对多概率匹配，改造后的渠道做到了一对一匹配。这种新型的关系要求渠道必须准确高效地传递用户的需求，才能完成交易闭环，并提高用户的满意度，否则场景会选择其他的专属渠道。这种情况下，场景会倒逼渠道做出改变，用户也会倒逼场景由场景要素到场景角色的进化，实现真正意义上的消费者导向。

- 从消费者—场景—供应商

由于场景是用户特定需求的集合，未来场景可以将消费需求信息直通供应商。有点类似现在的C2M 模式，但却有本质的不同。

虽然现在很多电商平台都做起了C2M，主打产品定制化，却很难识别有效需求，产品要么太过个性化，定制化程度太高导致定价过高，要么变成一种完全非定制的众筹或预售，难以做到具有大众可行性的产品定制化服务。

在场景中，由于用户群体的相似性很高，身处同一场景的用户可以自发组织、讨论，形成一个个可被群体接受的最小公约数。这些公约数就像一个个设计团队，使得产品无论从制造成本还是价格方面都符合用户的接受范围。

现实中这种案例并非少数，很多军武爱好者会自己寻找厂商定制、改造一些基于团队需求的产品，比如夹克、雪地靴等。他们的构思并非出于纯粹天马行空的想象，而是在一个领域深耕研究的结果，具有专业的说服度，很容易在群体内达成一致认同，成为意见领袖或形成有一定影响力的品牌。

所以，场景中会诞生出许多真正为消费者代言的新品牌，驱动制造商生产。以小米为例，小米以MIUI 为话题搭建了自己的论坛，这个论坛有人物、有人物对应的任务，形成一个场景，所有用户在论坛上反馈的问题或需求，MIUI 在最近一到两周的新版本中一般都会做出响应，用户马上可以刷自己的手机进行体验。

这时，MIUI 就像小米公司开发出来陪所有米粉一起玩的玩具，这是很划算的，玩软件比玩硬件便宜多了。最终米粉成为国内仅次于果粉的第二大粉丝用户群。之后再由米粉驱动制造商，制造小米品牌的硬件和品牌的周边商品。

场景以其在表达和传达用户需求方面得天独厚的作用，会带来渠道脱胎换骨的进化。新零售也是通过场景有效创造和识别消费者需求的能力，帮助消费者明智购物，帮助供应商按需生产。凭借“智能算法”实现商品与消费者的一对一连接，可使得渠道更广、更深，渠道阻力降至最小。

中国国内生产总值已接近100 万亿元，人均将迈上1 万美元的台阶，需求细分、消费者导向这些关键词早已成为市场最热的议题，这些都意味着需求侧新的机会。而日益崛起的中国制造、中国渠道等供给侧能力的强化，都意味着机会实现的更多可能性。

未来，新零售、供给侧能力与大数据人工智能三者的叠加将为中国下一个10 年的经济增长带来新的动力。这种情况下，洞察消费者需求将成为新的价值增长点。所以，抓住场景内核，真正以消费者需求为导向，是新零售竞争的法宝。

◎ 第三节　新连接：算法革命

零售的本质就是提供商品与消费者之间的连接，不仅体现在信息方面，也体现在支付、履约环节。这同样也是新零售的本质，但是传统零售与新零售的差异首先就体现在信息的连接方式上。新零售的第三大特征是提供了一种全新的商品与消费者、供给与需求的连接方式。

谈论信息的连接方式离不开信息技术，回顾历史长河，我们发现人类获取信息的常用途径与技术，概括起来无非是通过三大范式：一是浏览，二是搜索，三是推荐。这三大范式，在线下渠道的商品购买中，呈现出并行使用的状态，但在互联网发展历程中，从门户网站到百度搜索，再到电商网站，表现为迭代式发展。

渠道的信息范式

（1）线下渠道的信息范式

消费者在线下渠道通过浏览、搜索、推荐这三大范式大量获取信息，但信息收集效率并不高。

我们走进一家门店随意浏览商品时，和进入一个电商网站没有区别。唯一的差别是，线下门店不会像线上平台那样拥有海量品种。

这是因为商场已经进行了一次选品的流程，可能将原本几千个SKU 降至几十个。在这种情况下，商品与消费者连接关系的建立，具有极大的偶然性。大量的商品依靠概率与消费者进行匹配，效率极低并且匹配的精准度受限。

并且，门店的选品通常没有科学的判断依据，商品与用户的匹配效果往往深受门店运营人员的主观因素及过往经验限制。

用户在门店搜索商品，常采取自我查看、询问销售员等方式。这种方式精准度虽然很高，但是要实现，主要是由于线下商品本身数量有限，且与人员能力和商品陈列等众多因素息息相关。所以这种建立连接的方式的成本也相当高。

线下的推荐功能一直有较大的优势，因为线下的购物体验优于线上，靠得更多的是销售人员的经验和情感。但是线下场景众多，销售人员能力参差不齐，销售人员对于商品、用户真实需求等能否匹配也会影响推荐的准确性。

（2）互联网的信息范式

- Web1.0：浏览时代

1994 年，互联网开始兴起，彼时仅有少数人把信息发布到网上，用户最主要的信息获取方式是浏览。

这一年，有个来自中国台湾的年轻人，叫杨致远，在攻读斯坦福大学软件工程学博士期间，为了解决课业问题，也为了娱乐，总之时常泡在网上冲浪。他发现了一个让很多人都觉得不爽的问题，网络地址繁多但杂乱无章，于是就想做一个类似图书馆索引系统的东西。

坦白说，这个主意并不新鲜，当时已经有人在开发自动抓取、辨别网站类型的软件，但分类粗糙，操作失误频繁。杨致远和同学费罗一起，筛选了一大批实用且优质的网站，仔细分类后再将它们集中在一个网页上，极大地方便了上网浏览的人。

后面的故事我们就知道了，互联网鼻祖企业雅虎正式登场，首创了内容免费、广告收费的新商业模式。它更像一家媒体公司，通过优质的内容吸引读者，再通过广告获利。

之后互联网广告爆发的市场规模庞大到连雅虎自己都没想到。起初他们认为这一市场规模在2000万美元左右，但到1998年，仅雅虎一家的广告收入已经达到2亿美元。

所以Web1.0时代是浏览时代，浏览是那个时代互联网的主要价值，包括雅虎、搜狐、新浪等在内的内容门户是那时的主导。

- Web2.0：搜索时代

随着互联网的不断发展，信息的存储成本和传播成本快速降低，内容呈现大爆炸增长模式。一方面导致了网上信息泛滥成灾、质量参差不齐，另一方面网民对获取关注的信息有着强劲的需求。

此时，搜索成为信息获取的主要方式，搜索引擎也就应运而生。搜索引擎的作用是从信息海洋中甄别信息的质量，将优质的信息收集整理并放入数据库。

当用户通过输入关键词来表达自己的信息需求时，搜索引擎会通过一系列复杂的排名算法，把最接近、最可能满足用户需求的信息从数据库里调出来，最终呈现在用户面前。

如谷歌、百度这样的技术公司，通过提供与搜索内容相关的广告获利，崛起并占据核心地位。但谷歌和百度一个作为全球的搜索老大，一个是中国最大的搜索公司，二者在搜索机制上并不相同。

Google（谷歌）始终坚持PageRank排名，又称网页级别、Google左侧排名或佩奇排名，通过网络浩瀚的超链接关系来确定一个页面的等级。谷歌把从A页面到B页面的链接解释为A页面给B页面投票，根据投票来源（甚至是来源的来源，即链接到A页面的页面）和投票目标的等级来决定新的等级。

除了惩罚作弊者，谷歌并未干预过任何排名。这是因为，谷歌坚信只有当信息正常流动时才有可能加速，而加速信息才是谷歌的价值所在，才能最终带来巨大的经济价值。

因此，谷歌绝不允许把广告插入搜索结果中，否则会导致蝴蝶效应：搜索结果质量下降—用户不满意—搜索量降低—广告点击降低，最终造成收入下降。

百度则采用左侧排名，也就是所谓的竞价排名，这是百度收入的主要来源。但竞价排名会干扰用户的搜索体验，这一点大家都深有体会，特别是某些热门关键词，前几页的搜索结果都是竞价的结果。

按照前面的说法，阻碍信息流动的应该会被用户抛弃，百度为什么偏要反其道而行之呢？因为搜索引擎的结果好坏实际上很难评价。

在搜索引擎市场中，搜索结果的“好10%”与“坏10%”没有意义这一点被反复证实，它并不会对用户体验产生太大影响，占据决定性因素的是“先入为主”。

第二梯队中的搜狗、有道，其在搜索结果方面未必比百度差多少，却无论如何也无法翻身，同样的竞争结果也体现在Google（谷歌）和Bing（必应）、Yahoo（雅虎）之间。

● Web3.0：推荐时代

随着搜索技术不断提升，用户对于信息获取的要求也在不断提高，希望不用自己找，能直接被告知，于是我们进入了Web3.0推荐阶段，也就是现在我们所处的时代。

电商推荐算法这两年经历了飞速的进步，对我们而言早就不陌生。推荐算法，顾名思义就是推荐相关的算法，这看起来似乎是句废话，但其实意思是主要依靠大量结构化数据分析出用户购买的内在特点，用这些特点的集合来作为给用户推荐产品时的依据。

当你反复搜索某产品时，系统会根据你的搜索记录、浏览行为和购物历史推荐同类目下的其他产品，这些推荐一般都是你可能想买的商品。当你浏览了海信的空调A，系统会推荐给你海信的空调C、美的空调、海尔空调等。如果你的购物车里塞满了瓜子、蜜饯，系统就会给你推荐坚果等。

推荐算法在全行业都通用，像今日头条这样的信息推荐平台，之所以现在大行其道，成为主流，就在于它的推送机制做到了最好与最精准。

如果你是新用户，打开今日头条的第一眼会发现呈现的内容多元，从时政、娱乐、体育到数码甚至短视频，无所不包且雅俗共赏。但只要你打开过几条推送，今日头条就会利用其强大的后台数据推测出你的偏好，迅速跟进推荐类似内容。

假如你曾经点开过有关手机评测的文章，之后很长一段时间里，头条会持续为你推送与数码产品相关的新闻。

归根结底，今日头条的成功在于满足了人的真实需求，而真实需求其实就是认同感。人是社会动物，需要认同感，今日头条就通过它的推送机制为人们提供这种认同感。

举个不太正面的例子，比如你喜欢看别人用恶作剧捉弄人，而这在大众眼里是不道德的，甚至是应该被谴责的，你很难将这种偏好公之于众。而这个时候，你打开了今日头条，刷到了几条恶作剧视频并看到了很多评论，你突然发现，天呐，原来有这么多与你有同样“恶趣味”的人，你的爱好一点也不奇怪！这个时候，你会不会喜欢上这个软件？

今日头条一边让你看足你喜欢的东西，另一边又把同类人的距离拉近了，这样一来，用户的认同感就出现了。在公开社会中这种认同感可能不会被认同，但在头条里，你不会再觉得孤独。所以头条系产品“满足了人的真实需求”，它提供认同感给所有用户，正是这些认同感的聚焦，最终推火了产品，这也为新零售推荐算法的发力点提供了思索。

所以总结来说，线上渠道主要通过推荐算法，快速将海量的商品和消费者进行匹配，但是准确率低；线下渠道主要通过人与人的交流，其实这本身也是一种“人肉算法”。由于线下场景的限制，这种算法看似效率更高，但是因为“人”的不确定性，受到极大的局限。

无论是线上还是线下，传统零售仍是在消费的执行阶段构建算法。新零售会在消费的全阶段构建算法。我们可以从消费者行为学、信息学的角度，探讨从数据到算法的进步空间，以及形成连接的效果，展望新零售未来所能够达到的高度。

新零售在消费全阶段构建算法

新零售算法实际上涉及零售过程中用户整体的消费闭环，包含需求识别阶段、商品信息收集阶段、商品分析选择阶段、商品决策阶段，以及购买行为阶段、购买后反馈阶段等数据，如图7–3 所示。

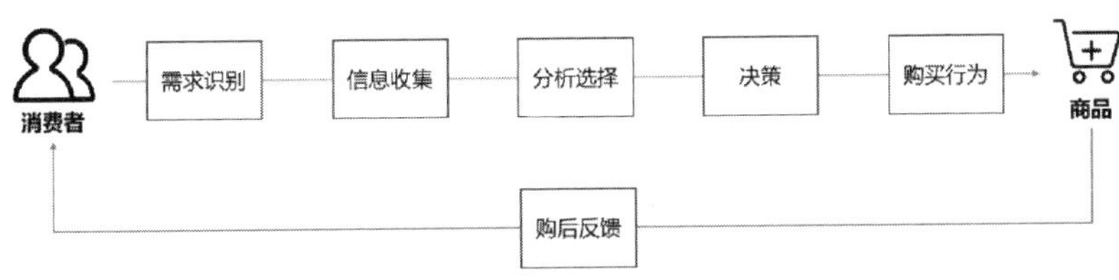

图7–3 新零售算法覆盖消费全闭环

（1）第一阶段：需求识别

该阶段重点帮助潜在用户发现需求、识别需求并确认需求的重要性。因为潜在用户可能同时存在大量的不同类型的潜在需求，通过该阶段，需求被集中在少数几个在用户看来相对重要的细分领域内，有助于后面有的放矢地释放需求以及满足需求。

在实际的操作中，这类需求首先是通过用户自主选择完成的。例如用户安装并长期使用某个健身类移动端应用，则可以发现其在健康、美体等方面的关注度较一般用户高，通过其关注的话题、使用的相关产品，来发现其潜在需求。

（2）第二阶段：商品信息收集

在该阶段，用户经常会面临大量的信息收集工作。现在，基于用户的信息收集行为，系统会形成一个用户需求与产品的大致匹配范围。

例如，用户频繁浏览某一些品牌、某几个型号的车辆信息，且对系统推荐的同类信息的阅读率较高，系统会继续主动推送相关商品信息，直到用户的阅读率趋于稳定。

新零售在该阶段会通过新的算法推荐方式，做到两点改变：一方面，减少用户的阅读量；另一方面，增加信息的覆盖程度，以使商品信息尽量完备，不再需要以数量换质量。

这样做有两个目的：

首先，降低用户获取信息的成本。用户获取信息存在边际效用递减的现象，随着信息量的持续获得，获取有效信息的效率却在递减。假设用户需要通过浏览的方式，得到10点信息，用户可能需要随机浏览100篇文章甚至更多，信息获取的成本非常高。

但是在新零售推荐算法的帮助下，能让我们避免接触很多重复、无用的信息，更有效率地获得更多的信息，可能看10篇文章就可以得到100点信息量。

其次，基于场景中老用户的信息收集经验形成的算法，进行阅读推荐，能够使消费者获得更加完备的商品信息。我们仍以购车为例，用户购买前需要了解很多不同维度的信息，如品牌、车型、能源、价格区间、舒适程度等，算法帮助用户考虑到应该从哪些维度去了解一个商品，避免信息的盲区。

（3）第三阶段：商品分析

这一阶段，分析者通过对商品的介绍，表露出自己具有与用户类似的需求，双方可以迅速建立信任，并且是深层次的信任。如果分析者和用户都喜欢自驾旅行，那么越野性能优越的SUV 就会轻易引起共鸣。

分析者针对用户个性化的关注点提供信息，更容易获得信任。如果分析者了解用户每周都会往返上百公里回家探望父母，那么拥有定速巡航功能的车辆会引起他的关注。

分析者在提供内含商品核心维度和权重分析的完整分析框架时，更容易获得信任。如果一个销售员能为客户从使用场景、性价比、客户偏好、内饰、颜色、悬浮等各个维度综合介绍一辆车，用户会觉得他专业可信，认同程度也就更高。

分析者采用对比的方法介绍时更容易获得信任。销售人员如果能专业地为用户解说、比对两款车在性能方面的不同，如油耗、排量、舒适度、内饰、安全性等，消费者能更快地做出选择。

通过该阶段，商品与用户的连接将变得更加紧密，用户形成对产品的优先级排序以及好感度的亲疏。

（4）第四阶段：商品决策

基于前面的商品分析阶段，商家已经找到了消费者的关注点，在本阶段则需要帮助用户下定决心。

权威信息、权威者的角色在此阶段极其重要，可以基于用户的关注点，提供具有决定性作用的信息，营造有利于决策的积极氛围。权威学术论文、专业第三方机构公开文章等都是权威信息。

当用户一直在某两个汽车品牌间犹豫不决，而他对车辆的故障率又特别关注，这时基于品牌故障率的权威信息对用户最终的决策将起到重要作用。

权威者是指在特定场景下的意见领袖，他们特别善于营造积极的决策氛围，在氛围中他们的看法很容易被放大成群体一致性的意见，好比网红李佳琦、薇雅等直播带货的主播，在介绍产品的时候已经帮助消费者完成了问题识别、信息收集和商品分析这三个阶段的工作，之后在直播中通过自己的体验，以及专属的优惠活动，营造了积极的决策购买氛围，让你除了“买它，买它”别无他想。

（5）第五阶段：商品消费执行阶段

因为有了前几阶段的加入，再加上传统零售已经尽可能地缩短了消费执行的全流程，因此新零售环境下商品消费执行阶段的信息量，较传统零售时明显减少，用户的行为变得更加高效。

（6）第六阶段：购买及购后评价阶段

此阶段反馈商品购买和使用阶段的信息，作为一个确定性的结果，反向评估之前所有阶段的信息质量，再回馈给各阶段的算法。

随着总信息量的增加，用户对商品的认知也逐渐上升到不同的阶段。各信息阶段是交叉的，形成一种波浪的效应。从图7–4 中我们可以看出，下一阶段最佳的介入点应在信息量增长曲线的拐点上。

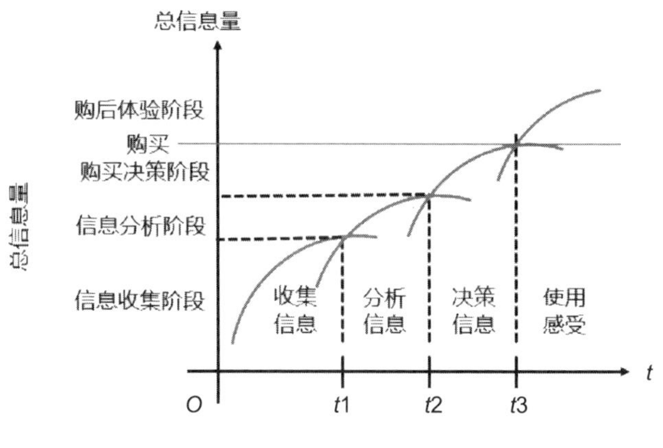

图7-4 信息波浪效应

在信息阅读所带来的信息增量明显下降时，如果用户已经连续看了10篇有关某个产品的介绍文章，再让他花10分钟看第11篇文章时，可能已无法带来有价值的新信息。这时，就需要引导用户进入下一阶段，如引入某个分析框架或进一步有针对性地补充第一段的信息，以尽快到达购买阶段，否则可能会导致交易失败。

新零售算法涵盖影响用户行为的所有内在因素

新零售算法将影响用户的整个消费闭环，不仅仅关乎用户的外在购买行为，还辐射了用户的内在因素。新零售算法提供新的连接规则，是站在用户个人的角度，不仅描述用户的行为和习惯，更可以用来解释用户的行为。

基于消费者行为学理论，用户行为可以从个性、价值观、动机、需求、态度、行为、习惯这七个方面进行阐释，这七个要素又分为四组，分别深刻影响着用户的消费过程。

下面我们通过“长了一个痘”引发的不同用户的不同行为，作为案例来解释这四个方面是如何产生作用的。

同样是脸上长了一颗痘，一个男孩可能毫不在意，那么这件事情可能就到此为止了，因为问题识别过后，确定价值不大。对女孩来说，这可能就是个天大的事。为什么会长痘？是不是会留下痘印？今天有个重要聚会，是不是会影响到整体形象？

所以，个性和价值观作为第一组个体内在因素，主要影响问题的识别和确定问题的重要性。

接下来，觉得这是个严重问题的女孩开始定位问题，以及用什么样的手段或产品来解决问题。寻找各种祛痘方法，搜百度、在小红书看用户分享、找信赖的朋友或美容博主咨询等一切可以获得信息的手段。

这反映了第二组要素动机、需求，即问题的定义和解决方案信息的收集。例如，痘痘会影响个人形象和自信，或者痘痘是对于个人身体状态的预警，如最近的生活作息缺乏规律、工作的压力比较大，表现出自身的状态不佳。对于问题的不同定义，会影响用户对解决方案的选择。

如果关于自信问题，可能的解决方案包括，买个包包、买本书、更加努力地工作以赢得领导和同事的认可。如果是后者，可能的方案则可能是好好地睡一觉或需要做一次美容排毒。

第三组要素——态度，用户对于不同的解决方案，通过收集信息和需求分析后，形成了对每种需求或产品的态度。如具体选择哪种手段去治疗痘痘，不同的选择需要付出不同的代价，产生的效果也不同。去医院美容科就诊，价格可能更高，但疗效有保障；根据网上的咨询购买某些“抗痘”产品，如痘痘贴、护肤品，比较便捷，但是保障度较低，这就看用户如何平衡利弊，做出选择了。

第四组要素——行为、习惯，当用户对某个产品的态度确定后，就会反映为具体的行为并容易形成惯性。如果他每次都通过痘痘贴解决长痘问题，下次也会习惯性地采取同样的方式。

所以，如果我们光从用户在淘宝上购买了一个痘痘贴，或一瓶净痘洗面奶，抑或是美肤面膜，是无法直接从行为结果准确地推导出前面的动机、需求、态度、个性、价值观的。这正是传统零售算法常常“自以为是”的症结所在。

新零售的算法则贯通消费者的内在消费行为阶段，所有数据通过算法在数据中台进行整合。横坐标形成基于用户个性、价值观、动机、需求、态度、行为、习惯的内在行为逻辑，即内在因素；纵坐标形成消费者消费行为链条的各个阶段，即外在因素，包括信息和行为层面因素。

在图7–5 中，我们看到有四种算法在发挥作用。

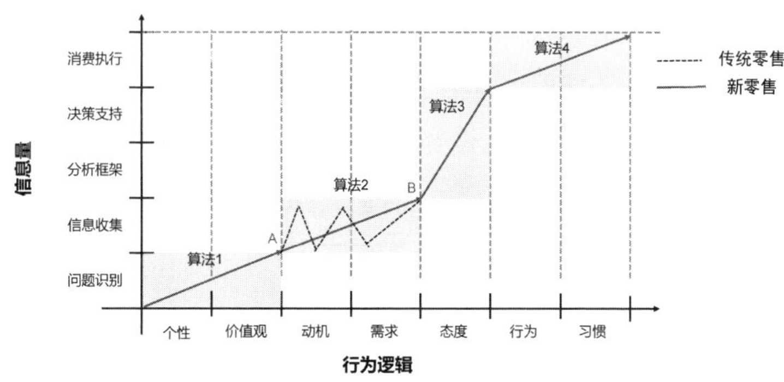

图7–5 用户行为影响因素

算法1：考虑到用户的个性和价值观要素与场景中问题识别阶段所提供信息的相互影响。

算法2：考虑到用户的动机和需求要素与场景中信息收集阶段所提供信息的相互影响。

算法3：考虑到用户的态度与场景中分析框架和决策支持阶段所提供信息的相互影响。

算法4：考虑到用户的行为和习惯与渠道中消费执行阶段所提供信息的相互影响。

四种算法代表四个阶段，构成了新零售的用户商品推荐算法，而传统零售的算法，仅存在于算法这四个阶段，且由于数据、利益等其他因素，算法本身的质量并不好。

新零售算法实现一对一的连接关系

相较于传统零售中推荐算法的评估是基于总体概率，新零售的连接算法具有更高的解释水平，囊括了影响用户消费决策的全面因素，与内在层面建立深度联系，从而实现商品与消费者之间一对一的个性连接。

单从渠道层面来说，想要实现商品与用户的一对一匹配很难达到。一个渠道不可能也没有必要满足所有用户的所有需求，受限于平台型业务特点，这在数据、算法、算力上都很难做到的。

新零售会在渠道上更加聚焦、垂直和精细化，也就是基于场景进行用户和商品的细分，相当于在数据上，将商品和用户按照某些特定维度分组。

如图7–6 所示，即便有上千种商品、上万个的用户，也可以因为场景的聚焦，将商品拆成不同的分组以匹配不同的人群，并用算法连接。

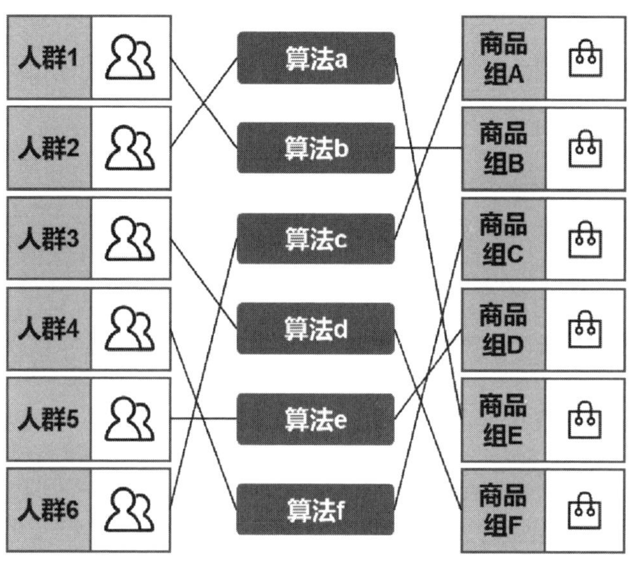

图7-6 一对一算法连接

场景的分组，首先，使组内的商品数量和用户数量小于总体，计算压力大大降低，其次，提高了组内样本的相似性，这既包括商品间的相关性，也包括用户内的相似性。

新零售在商品和用户以及对用户的表达上都可以更聚焦。常见的聚焦方式有如下几种：

- 商品聚焦：针对某一垂直消费领域，如母婴、健身等。
- 品牌聚焦：基于对某个特定品牌的认同，例如买车用户都普遍考虑品牌效应。
- 价值观聚焦：基于对某种价值观的认同，如电影《时尚女魔头》Prada对于女强人形象的定位。
- 个性聚焦：基于用户个性的认同，如一个古板的人很难接受嘻哈风格和露脐装。

聚焦形成的过程，反映了用户与商品之间一系列重要的底层连接关系。这使得局部领域的算法比通过整体数据获得的算法，具有更高的解释水平。

综上，我们识别了支撑新零售算法的内在因素和外在流程，并通过聚焦使它们形成连接，而这个连接就是新零售的算法。

- 在问题识别阶段，我们通过收集用户的个性和价值观数据，建立商品与用户价值观匹配的算法。
- 在信息收集阶段，我们收集用户动机和需求的数据，建立商品与用户动机、需求匹配的算法。
- 在分析和决策阶段，我们收集用户的态度数据，建立商品与用户分析和决策态度相匹配的算法。
- 在消费执行阶段，我们收集用户的行为数据，建立商品与用户消费行为匹配的算法。

理想状态下的单场景，可以认为是分成上述四个阶段，来合成用户完整的一对一的个性化连接算法。但实际上，单场景未必能将这四个阶段都包括在内，而是要通过多场景到全场景来补全信息和算法。

场景是独立的，有深度却没有广度，建立起的算法较为片面。渠道是平行的，它有广度却没有深度，建立的算法不准确，达不到匹配目的。所以场景和渠道之间需要建立配合关系，才能使个性化的商品和个性化的需求连接得更加高效和精准，从而形成真正意义上的新零售算法。

一旦算法帮助商品一对一匹配用户，算法模型也更为复杂、更透明化，更难被渠道操控。新零售下的渠道商不再需要通过修改价格变量去竞争，供应商也不用再依赖广告。

◎ 第四节　新业态：体验革命

新零售的第四大特征是新零售缩短了商品与消费者之间的距离，加上商业背景和技术背景的进化，一定会诞生若干新渠道业态，包括融合了新算法的物联网设备，实现消费者的程序化交易，并且基于场景的不同，分化出无人店、轻量化渠道和重服务渠道等新的零售物种（见表7–7）。各渠道因资源禀赋不同，提供的价值不同，可以形成互补关系，促进零售全行业的发展。

表7–7　新渠道业态

渠道类型	智能硬件	无人店	轻渠道	重服务门店	嵌入式渠道（线上）
商品类型	所有商品	简单标品	强相关	特殊商品	中等相关商品
资源类型	推荐算法	位置便利性	真实场景	个性化服务	场景内容和流量
消费者价值	程序化交易	即时消费	友好	偶然和随机的问题	便利

智能硬件＋智能推荐算法：程序化交易

随着技术的发展，智能硬件的价格逐渐平民化，小米、华为等生态链企业的智能硬件产品已经各自组成一套完整的闭环系统。不仅是生产企业，很多渠道也将智能硬件作为战略方向，将其视为渠道新业态的基础设施。

智能硬件在新零售领域的发展主要将经历“信息输入”和“算法加持”两个阶段。

（1）“信息输入”阶段

此阶段需要用户主动输入，或智能设备具备环境感知能力，通过传感器获取外界信息输入，识别并进行简单的自动化处理。

以三星电子在2020年年初发布的最新一代Family Hub智能冰箱为例，冰箱摄像头搭载人工智能图像识别技术，可以自动对冰箱内部进行扫描，识别家庭成员最新购入或取出的食材，并将更新的记录发送给用户，还推荐食谱。

（2）“算法加持”阶段

当我们采集了足够的用户行为数据和环境数据，业务和数据会同时驱动发展，更专业化的算法成为主要方向。

在零售领域已经大量应用了购物推荐算法，未来的新零售中，用户需要在某个场合穿的衣服，AR试衣镜可以通过环境感知能力，感知衣柜中服装的颜色、款式，再分析天气和穿着场景，结合采集到的用户身材信息和偏好、价值观等内在需求，通过算法完成个性化的穿搭推荐并模拟试穿，如果需要购买，再驱动各个模块完成交易。如用户需要定制，则相应的商品参数会传递给某个恰当的制造商，实现品牌、质量、价格等最优搭配。

完成前两个阶段后，我们就可以实现程序化交易。智能硬件＋商品推荐算法+授信支付（区块链技术），可以实现用户消费行为的程序化。以上三者构成了新型的渠道或渠道业态。智能硬件使渠道具有环境和需求感知能力；智能推荐算法，在信息层面提供最佳的需求与商品的匹配方案；区块链技术，让支付更加安全。未来，大部分商品的购买，我们都将通过程序化交易完成，用户也会无比信任这个系统给予我们的服务。

轻量化渠道：体验式零售

年轻人最喜欢在哪里购买家具？最多的答案一定是宜家。宜家将产品的使用环境模拟出来，并且可以随意碰触和尝试，这种让消费者尽情体验的方式极大增强了互动，形成场景化的体验式营销。轻量化渠道和宜家的模式有很多的相似之处，却和场景走得更近。

（1）轻量化渠道的特点

百货中心、商场、线上电商平台等渠道商品种类繁多，客群受众面广，我们将其定义为重量级的渠道。而轻量化渠道，是线下渠道的一种新业态，在该业态下，所有商品是服务于场景的，或是构成场景必不可少的一部分。

这种渠道业态与场景融为一体，具有极简、极度友好、极度便捷的特点。

- 极简：商品仅是构建场景所必需的，没有和场景无关的商品，也没有销售人员。
- 极度友好：用户可以在场景中，自然地使用和体验产品，却没有购买的压力。
- 极度便捷：用户在购买时可以通过完全自助的方式，完成交易、交付过程，并可选择自提或配送。

所有线下场景都可以和渠道结合，通过轻量渠道，缩短供应商商品与消费者之间的距离。想象一个场景，我们去电影院看电影，影院的单人位、双人位、皮质的、布艺的、懒人式等各种沙发，沙发上的抱枕和毛毯，音响，还有可乐、爆米花、3D 眼镜等都可以购买。所有的商品和影院相关，没有销售人员的推销干扰，仅仅是你去看了场电影，顺便体验过某些产品后，产生了带回家的冲动，沙发或音响甚至可以直接配送回家，这场交易如此自然，所有销售手段都被隐去。

（2）轻量化渠道的价值

轻量化渠道对渠道和供应商、品牌和消费者这两个方面都具备重要价值。

轻量化渠道使场景与供应商资源共享，可以同时降低供应商和场景经营商的经营成本。拿刚才举的影院的例子，影院不需要再购置座椅，而是由供应商出于广告需求自发提供。

轻量化渠道使用户的使用体验和商品销售之间形成闭环。对于传统零售，品牌和消费者不能够直连，需要解决品牌商的流量、支付和交付问题。新零售下，场景解决了商品陈列、使用、体验以及用户信息收集和沟通的问题，渠道则解决商品的支付和交付问题，分工使两者在效能和专业性方面都做得更好，消费者体验商品毫无压力，且购买行为便捷，供应商的商品得以顺利地到达消费者手中。

无人化趋势

我们曾在商区便利店一节提到了无人店的应用价值，无人店提升消费者的支付效率，使商品具备“买了就走”的能力，没有店员的运营模式也可以降低运营成本。但当前国内的无人店发展并未达到最理想的状态，我们认为有极大的提升空间。

笔者有幸参与苏宁无人店的部分设计，苏宁的无人店经历了一代代的升级。第一代的无人店和亚马逊无人店的逻辑大致相同，在技术不成熟的年代，使用的是人脸识别入场和商品通过RFID 结算的方式。虽然在技术上行得通，但用户需要在出口处统一扫RFID 结算，完全没有“拿了就走”的便利，且每个商品都需要贴RFID 码，直接增加了成本。

另外在选品上，除了一般的饮料、零食、日用品等快消品以外，剩余的空间摆上了国际米兰足球队的周边产品（当时也有宣传的需求），如球队队服、T 恤、袜子、水杯等。结果快消商品被很快销售出去，而国米的周边产品却无人问津。因为国米的周边不是一种目的性产品，是一种需要解释商品价值的复杂商品，与“拿了就走”的便利店顾客明显不匹配。

所以早期国内的很多无人店在购物体验设置的方方面面都存在不足，运营成本也居高不下。但随着技术的发展，无人技术也日益精进，比如在苏宁第二代的便利店“Suning Biu”中，除了改变RFID为使用视觉识别和压力传感外，选品取消了复杂商品，而全部使用快消商品，用户购买流程越来越流畅。

所以无人化的商业模式在未来仍将具有广阔的市场空间，在简单商品的销售上，新零售趋向于无人化，这个无人化并不是说一个人都没有，而是尽可能地减少“人”的存在。

现在的快消品零售特别是大型商超，无人化程度已经很高，去家乐福购物，推着购物车去各个区域去选择商品，最后到自主收银台自行扫码结账，全程没有服务人员的介入，可见在无人化的发展方向上，零售行业基本达成共识。

“重”服务门店

无人化趋势可以实现简单商品的购物流程极简化，但对于很多复杂商品，则需要“人”去解决，这就需要第四种业态——“重”服务门店。

2019年，线下零售交易额仍然是线上的4倍以上，线下市场的空间极大，如何焕发线下渠道的活力，依旧是极有价值的零售行业课题。

此前有相当长的时间里，线下门店沦为线上产品的展厅，这是线下门店最头痛的问题。早期的线下服务手段粗暴，无法让用户获取不同于线上的优质体验，还带来很多负面体验，商品也没法有更高的溢价空间。如此导致线下无力承担导购服务的成本，只能提供更少或者更普通的服务，形成恶性循环。

门店想要在线上平台的包围下突出重围，逃离被用户抛弃的困境，就必须发挥门店的优势——服务，使自己的价值变“重”。

（1）发挥服务价值

重服务门店“重”在服务价值。服务必须要创造价值，这种价值可以通过商品溢价得到体现。线上和线下最大的不同点就是购物体验，线上商品从需求激发、信息获取到决定购买等每一个环节都是通过用户自行获取的。但线下有“人”的因素，用户每个阶段的信息积累可以由店员的“服务”提供。门店人员需要具备专业的知识，为用户提供商品的购买建议，用服务创造价值。这点在售楼处尤为突出，房子是复杂商品，需要专业的顾问进行介绍和讲解。

商品销售的溢价是使该模式能够持续运行的必备条件和衡量该模式成功与否的唯一标准，线下渠道应该先从为商品的线下“服务”增加价值开始。

线下面对面的服务，当其是必要的而且有价值时，就一定能够带来比线上更高的销售转化率。

例如激光电视，这种商品的价格比液晶电视和投影仪要高很多，功能却大致相似，消费者如果不经过专业的导购讲解，很难知道激光电视的一些核心优势。比如：与液晶电视相比，激光电视的辐射小，对人眼的伤害程度也小，即使长时间观看也不会感到疲倦；对比投影仪，激光电视采用的是激光光源，不仅亮度比一般投影要高，而且亮度衰减速度很慢，上万小时的使用时间，足以满足家庭所需。所以像这种高价、复杂的商品，如果没有导购作为支撑，单凭线上渠道，很难有转化率。

有一点问题非常值得我们探讨，这个也是线下服务人员经常愤愤不平的原因，每种渠道都会对用户的购买产生影响，这毋庸置疑，但是最后消费者购买只可能在一个渠道，所以很多人享受了线下的服务，最后却去线上购买，这就很不公平了。比如用户在一家品牌店试了一双鞋，店员服务很周到，商品也很令其满意，但她发现天猫旗舰店上有折扣，可以优惠50元，于是她果断选择在线上买单，那么门店服务人员的服务价值就被线上“夺取”了。

未来如何使每个渠道的贡献相对量化，是否能通过区块链技术综合销售平台对各种服务采用分账模式，使各个环节的服务投入都能够获得相应的回报，是新零售要解决的问题。

（2）重服务重体验

在不影响品牌价值认知的情况下，线下渠道应该尽量延伸产品线，使渠道有能力承载更多的用户需求。例如星巴克提供的第三空间，麦当劳提供的儿童游乐区和生日服务。还有我们说过的网红书店，从单纯的图书销售变为图书销售、艺术品展出和销售、会展、演出、旅游景点等为一体的综合销售平台。产品线的延伸并不意味着背离主业，作为重服务的门店，这是一种更深度的聚焦。

（2）线上线下数据融合

想要真正让重服务的门店落地，最核心的就是线上线下的数据融合，数据融合才能为算法提供支撑。整个过程分为三个阶段：

第一阶段，由于线上数据采集和分析要领先于线下，所以线上和线下的融合，首先应体现在线上数据向线下赋能。苏宁、阿里、京东有很多线上向线下赋能的案例，例如向门店周边的线上用户发券，为线下引流，通过线上数据分析会员画像，线下识别后进行商品推荐等。

第二阶段，基于线下数据采集的分析和应用。作为门店，同样可以获得大量的用户行为、消费等数据，并通过分析获得收益。目前门店数字化就是这种发展方向，通过门店数据采集，分析人流、客群、行为等，为商场动线设计、营销活动提供数据基础。

第三阶段，线上、线下数据融合。通过双向打通线下和线上的数据，可以实现全触点数据采集，能辅助零售商进行全会员管理，达成描绘消费者精准画像和精准营销的目的，并能为企业经营提供全面的管理决策分析。

◎ 第五节　新融合：价值变革

新零售的第五大特征是，除了将有更多的要素参与到完整的价值创造过程中，如消费者角色参与价值创造、场景角色参与价值创造，还必须实现价值链角色之间的融合。

因为分工本身不会带来效率提升，甚至无法单独存在，只是单纯的渠道变革就不是新零售，唯有全产业协作和融合才会带来真正的效率提升。

更多要素参与价值创造

（1）消费者参与价值创造

拼多多就是消费者加入价值创造过程的很好的例子，消费者通过拼购邀请其他用户购买，参与平台对流量的分发，改变了流量分发的模式和效率。

首先，用户的推荐形成一个相对稳定的协作网络关系。我参与了一次你发起的拼购，帮了你的忙，你也应该有义务参与一次我发起的拼购，这实际上增加了用户的退出成本，无形中增加了协作网络的稳定性。

其次，更高效的流量分发方式也使用户获益。由用户进行流量分发的效率高于平台自身流量分发的效率，这样就节约了分发的成本，也降低了供应商的渠道成本，供应商可以以更低的价格销售商品，而使消费者获益。

所以在这个过程中，消费者由原来的平台的用户变成了和供应商一样的平台生态的客户，共同参与到价值创造过程中。

（2）场景参与价值创造

场景对于消费者决策过程起到越来越重要的影响，提高了消费者决策的效率。

场景价值体现的方式有两种：一种是广告模式，将具有特定消费需求的流量，卖给渠道以获取收益。该价值系统合作较为松散，且收益单一。第二种是通过场景与渠道融合，消费者在场景专属渠道直接完成消费，场景可以获得销售分成、短期现金流、数据三方面的收益。该价值系统无疑是更系统高效的协同方式。

消费者个体参与价值创造过程，也是帮助他人完成消费决策的过程，这点和场景的作用类似，但其作为一个独立的价值链角色不够稳定，所以新零售最大的优势就依赖于实现场景与渠道的融合。

场景与渠道为什么要融合

在传统零售阶段，场景与渠道尚没有明显的角色区分和角色关联，因此更谈不上融合，所以在对用户需求的表达和传达过程中总是存在各种障碍，也由此引发了需求与供给的匹配问题。

传统零售阶段存在沟壑的原因有三：

第一，用户消费决策行为对于决策信息的要求相对简单。以场景一章的空调购买决策为例，20世纪90年代买空调只关心能不能制冷制热。而现在买空调要考虑外观、能耗、智能程度等十几个指标，且还有一众品牌需要选择。

第二，场景未能成为独立的新零售中的价值链角色，商业模式上不成立。场景是在零售行业的发展中必然产生的角色，在传统零售阶段，消费者的消费决策要求相对简单，考虑更多的是产品是否能买得到，这时线上和线下渠道都迅速站出来对接品牌商和消费者，解决“买得到、卖得掉”的问题，所以这个阶段没有场景的发挥空间，也就不需要场景这个角色。后来，随着消费者和品牌商需求的不断提升，渠道无法满足，“场景”作为零售价值链独立的角色应运而生。

第三，渠道资源未准备好，渠道尚未具备零售输出能力。首先，传统电商业务虽已是红海搏杀，增长乏力，但在目前阶段还是各家电商企业的中流砥柱，主要人员和投入还是放在传统电商业务，不可能大规模投入商业模式还未确定的零售输出业务。其次，零售输出对系统架构、供应链、基础资源支撑等能力要求很高，并不是上拼购、抢红包等这样的营销活动这么简单，是打破传统电商业务，碎骨重塑的能力整合。所以，现阶段无论是阿里、京东还是苏宁，都不敢说自己具备完整的零售输出能力。

由于传统零售的场景和渠道未能融合，所以对用户需求的表达和在需求的传达过程中总是存在问题，也造成需求与供给的匹配问题。在新零售阶段，场景与渠道的融合，是作为新零售重要角色的双方一致且必然的选择。

我们认为渠道和场景的融合，将为新零售的发展贡献两个突出价值：一是充分利用场景流量红利，二是提高场景专属渠道的效率。

（1）充分利用场景流量红利

传统零售时代，各大电商平台的蜂拥崛起，正得益于流量红利的强力助推。传统制造商和品牌商也受惠于此，利用流量引发了用户的关注度，继而有了打开市场的基础。

如果我们将传统流量的流动规律绘制成模型，无论是线上流量还是线下流量，都是流向少数的中心化渠道或是中心化平台流量入口的。

中心化渠道是指京东、苏宁这样的电商渠道，它们拥有自营模式，自己开店。而淘宝、拼多多等电商平台仅单纯承载流量，我们将其定义为平台流量入口。

如今各个领域的流量几乎都被少数但量级庞大的流量入口支配，除了购物流量入口在淘宝，还有社交流量入口在微信，短视频流量入口在抖音，而信息流量入口在今日头条。

然而在不久的将来，这种由中心化的流量入口控制流量分配、走向的状况，将会发生改变，犹如当年新浪、雅虎将互联网门户流量入口的头把交椅让位给其他平台一样。

当时，随着时代的发展，人们对于通过互联网获取信息的要求越来越高，但新浪和雅虎仅仅是一个信息聚合的入口，信息体量庞大却十分杂糅，什么都有却都不专业，那么随着用户需求的垂直聚焦，一定会演化出更专业的信息入口来迎合用户。

时至今日，中心化的零售平台也越来越难以满足人们对于购物五花八门的新需求，所以也面临着变革。至于变革的方向，我们认为不应该是原有的中心化流量入口，让位于另一种形式的中心化流量入口，而应该从中心化流量入口到非中心化有效流量的革命性转变。

随着互联网经济进入了竞争的下半场，传统电商的流量红利眼看着渐趋触顶，此时再将资源投入传统电商流量，无疑事倍功半，得不偿失。我们应该将目光转移到场景流量上去，属于场景流量的红利时代才刚刚到来。

新零售阶段，基于场景的流量模型，流量将沿着不同的场景维度，形成非中心化的场景化入口。场景会凭借其价值、特色，像一个巨大的磁石，将原本混乱聚集在平台的会员吸引过去。场景流量作为一种新型流量，如同一个尚未被开发的金矿，价值远高于传统渠道的到达流量，其高度相似性、自组织性、高活跃度和高黏性等特点，意味着更高的忠诚度和转化率，以及更低的维护成本。

事实上随着线上零售渠道的竞争愈发激烈，大家已经有意识地纷纷将流量抢夺的视角转向了场景，获得流量占比越来越高的来源渠道，不是自有平台，而是场景。

我们常用的一些功能类App，比如墨迹天气、网易邮箱、NGA 论坛等应用，当用户进入时会弹出3～5 秒的广告，点击后直接跳转至电商平台。再比如今日头条、手机百度中也经常会加入电商平台的入口，这些都是渠道购买场景流量的典型例子。

场景通过渠道进行流量变现，可以实现更高的用户黏性，促进自身商业模式的良性发展。渠道通过场景，实现更优质、更低成本的流量，提高商品的销售转化，最重要的是可以获取从多场景到全场景的用户消费行为数据。

（2）提高场景专属渠道的匹配效率

场景与渠道的融合将极大地提高渠道的效率，我们使用渠道效率四项指标，即到达效率、匹配效率、转化效率和交付效率去评估。

- 到达效率

理论状态下，传统渠道的到达流量总量或许会大于场景流量总量。从效率层面考虑，由于传统渠道的到达流量中存在大量无用的、不相干的流量，而到达场景专属渠道的用户量是根据用户对于场景的使用被筛选出来的，所以极度精准，到达效率更高。

- 匹配效率

在场景专属渠道中，场景帮助用户完成了需求与商品的匹配工作，帮助用户快速完成需求确认、信息收集、评估框架搭建、商品选择决策建议。由于有场景提供的专业信息，场景专属渠道在匹配效率上明显优于传统渠道的匹配效率。

- 转化效率

用户在场景中，通过渠道转化，进入渠道所属的选品、加入购物车、确认订单、支付等流程，可以实现更精准的购物。比如针对摄影爱好者的场景专属渠道，只提供与摄影相关的商品，从而使商品分类更加精细、商品层级更浅，用户在确定要购买的商品后，更容易在商城中找到这件商品。

- 交付效率

用户下订单后，商品通过仓储、拣货、物流配送、退换货、售后的一系列交付流程提高效率，在这点上，传统零售已经做得很好了，场景专属渠道的交付效率也大致等同于传统渠道。

综上所述，场景会员到达场景专属渠道的效率，与平台会员到达通用电商平台的效率无太大差距。在支付效率上，由于流程已经发展到相当成熟精简的程度，未来仅可能在技术上进行循序渐进的改善，因此二者悬殊也不会很大。

只有在匹配和转化上，由于传统渠道仅注重将用户引入，很难照顾到用户需求和商品的匹配程度，因此在匹配效率和转化效率上远不如场景专属渠道，而这正体现了场景的价值所在。

场景与渠道融合的误区

虽然传统零售中，场景尚未明确成为价值链的新角色，但人们对于场景和渠道的融合已经有很多探索的脚步，因为大家都发现了这种融合的价值，且具备融合基础。那么所有的融合都是正确的吗？当然不是，我们提出几种融合的误区。

（1）误区1：渠道中构建场景

站在渠道和场景的角度来看，其实淘宝直播在某种意义上，正是淘宝在渠道内部构建出一个个细分的场景。从战术及当前成绩来看，这样的举措完全没有问题，甚至可以说是成功的。在未来的两三年内，电商直播仍会蓬勃发展。但从长远战略上来说，我们认为这未必是长久之计。

因为电商直播的目的仍是向平台引流，利用主播吸引更多的用户进入主站下单购买商品。从本质上来说，只是电商平台使用了一套新的流量分配规则，但强化、集中中心化平台的根本逻辑并未改变，这与新零售趋势下“去中心化”的大势背道而驰。

还有一种典型的融合模式，即在场景中使用非全交易链路的产品。它也分两个类型：一是类似场景中的广告模式，比如我们在今日头条这种内容资讯平台，经常可以看到电商广告，点击之后能直接跳转入渠道，再在渠道内完成交易；二是增强型的广告模式——导购，即商品货架植入，用户在原场景中点击货架商品进入商品活动页或详情页，接下来在创建订单时却跳转至渠道App或H5 页面。

广告模式和导购模式，本质上都是借助流量入口的导流行为，但是对用户而言，从场景跳转至渠道的过程，需要经历下载应用、等待页面加载、注册会员、填写支付信息和地址等重复操作，所经历的每一个步骤都会消磨用户体验，最终导致转化率降低。

这种模式意味着场景中的交易链路仅包含了商品信息展示环节，之后的下单、交易等操作环节则回到了中心化的电商平台，所以并非完整的在场景下完成的交易链路。在非全交易链路下，渠道所需耗费的成本更高。因为平台需要向流量入口购买流量，当使用该方式的电商平台处于竞争劣势时，成本差异相对于领先者而言会越发明显。

同样使用广告模式来获取流量的淘宝和唯品会，唯品会的客户覆盖量远不如淘宝，所以客户点击淘宝广告后可直接进入淘宝App，但是如果是唯品会的链接，会提示下载App，所以很多用户觉得麻烦就放弃下载，那么覆盖量不如淘宝的唯品会的导流成本会明显高于淘宝。

传统电商平台无法实现完整交易链路的场景与渠道的融合，是因为渠道不允许在渠道外创建订单。渠道订单的创建必须使用严格且封闭的渠道会员身份，不支持第三方用户身份的交易行为，而且必须使用统一的渠道交易链路，使用渠道提供的标准支付工具等。这些都阻碍了渠道和场景的融合。

渠道也很难支持为不同场景提供不同的交易链路模式，如是由场景代收代付还是由渠道收款，是使用现金支付还是积分支付还是通过审批、审核进行支付等。同时渠道很难使用场景应用中的某些服务，如地址信息、支付收银台等服务。

那么对于广告模式或导购模式的有效性分析，我们认为短期有效，中长期无效。这种模式是一种行业领先者的防御策略，对于跟随者意义并不大，因为花费同样的推广成本所得到的效果要弱于行业领先者，所以作为行业跟随者需要另辟蹊径。

另外，在商业模式上，这两种模式对场景而言仅能够使用代销模式，而无法使用经销模式。即场景只有佣金收入，没有定价能力，那么场景所产生的溢价无法体现。

（2）误区2：场景自建渠道

某孕期和育儿App，以产检计划、胎教、孕期忌口、宝宝成长记录等强大功能被人熟知，几年之前的日活用户近千万。之后App内自建母婴电商平台，投入大量人力和资本进行开发和运营仍难见起色。原因如下：

首先，电商业务复杂，开发和运营人员几乎加倍，形成庞大的成本压力。

其次，自营电商平台商品用户难信任。用户不清楚货品来源，特别是母婴商品，用户往往在App选好商品后，去京东和苏宁自营店铺购买。

再次，议价能力低，无价格优势。销量上不去供应商自然不会给出低采购价。用户与头部电商平台比价之后选择在头部电商平台购买。

最后，玩法单一，运营能力和灵活性都不如头部电商平台。头部电商平台经营流量有数十种甚至上百种成型玩法，如拼购、发券、满减、买赠等，都通过服务化直接调用，开发量很低，运营人员相对也更熟悉业务。但是自建电商，所有的玩法都要重新开发，无论是成本还是效率都要大打折扣。

很多内容型应用，在之前的两到三年期间，都在尝试向电商方向发展，因为在完成了流量获取后，马上要面临的一个问题就是，如何将前期烧钱获得的流量，转变为现实的收入。于是在广告模式外，自建电商渠道是另外一个选项，但是他们都把自建电商渠道这件事想简单了。首先要有自己的采销能力，其次要有商品运营能力，再次要有支付和交付能力。这三方面能力缺一不可，而这三方面能力又不是短期可以实现的，这和互联网企业一贯的短平快、要求快速见效的行动风格有冲突。

有部分应用因为对电商业务的复杂性和难度估计不足，贸然上马，运行一段时间后马上会暴露出很多问题，最突出的问题主要集中在商品和服务两个方面，商品品控、服务质量失控，造成用户投诉不断。不但不能通过电商业务挣钱，还损失了很多高价值用户。

（3）误区3：自建商城接入第三方供应链资源

这种方式场景不需要考虑自己去整合供应链资源，只需和有供应链资源的渠道合作，使用渠道输出的供应链能力，根据自己的需要进行商城的建设和营运。这个方案，商品和服务的问题由合作渠道负责提供，对于场景方的压力要小很多，这是否是一个好的方案呢？

我们要说的是，这个方案对大多数的场景而言仍不具有可行性，因为前面仍然有两座大山：一是商城的建设，这是非常专业的事。从底层的架构、系统、服务搭建，到中台处理交易逻辑到前台的技术和数据，都有很强的专业性。

举一个搜索的例子，搜索是电商网站最重要也是最常见的功能，它的效率决定了商品与用户搜索内容匹配的效率，搜不到就等同于没有，无法有效缩小用户搜索的商品范围，也会给用户造成很多困扰和负担。当用户输入“口红”时，有时搜索结果中会出现“进口红酒”，这就是不专业的搜索出来的结果，所谓专业不仅是指搜索技术，其意义还在于平台所积累的搜索关键词与搜索结果的用户反馈的数据。没有这些数据基础，再好的搜索技术也解决不了搜索的准确性问题。

第二个难点在于，缺乏商城运营能力。商城运营是一个非常专业的岗位，现在这个行业的人才一般集中于零售行业，如果场景应用之前没有这方面的人才和团队储备，在运营时，不但有很多的坑，而且工作量非常大，从板块和类目设置、商品选品、商品上下架、商品定价、营销促销等方面促进用户首购、提高复购率。在场景中运营和在传统零售渠道中的运营还有很大的不同，既要考虑场景的特点，也要考虑有哪些适合的方式将场景和商品联系在一起，这是一个新兴的复合型的工作。

爱奇艺早在几年前就开始向电商方向发展，建设爱奇艺商城。爱奇艺视频本身是很高的流量入口，在播放器右侧直接加入商品互动按钮，在看视频的时候可以立即弹出明星同款的商品供用户购买，从商业模式来看，似乎一切顺理成章。但是，这种购物逻辑在内容为主的视频网站中比较难以实现，因为用户不是像使用淘宝那样抱着购物目的来的，他们是来消费内容的。当消费内容的同时还要接收不断弹出的商品广告，这不是在增加用户体验，而是在增加困扰。

并且内容平台自建的电商渠道本身也是非议不断，收不到货、查不到物流、售后服务不到位等传统电商存在的问题接二连三地出现。本身在场景端与用户建立连接的方式就存在问题，渠道运营也难跟上主流，所以爱奇艺作为内容平台非常成功，但是作为电商，却真的不敢恭维。

爱奇艺自主开发了自己的商城并由自己来运营，爱奇艺其技术团队不可谓不强、用户数量不可谓不多，但还是失败了。其失败的原因就在于以上提到的那两个方面，一是缺乏数据，二是没有找到将场景与商城有效连接的运营策略。

正确的融合方式

如果以上提到的渠道中构建场景、场景中使用非全交易链路的产品、场景下沉建立渠道的模式都不正确，那么真正行之有效的融合方式是什么?

我们认为渠道和场景的融合模式应该遵循以下三点原则：

- 渠道上移至场景；
- 渠道提供零售能力输出；
- 渠道提供全交易链路、端到端的产品。

（1）渠道上移至场景

首先渠道只有贴近消费者的需求、决策阶段，才有被选择的机会。以后未融合到场景中的渠道将逐渐失去用户，最终会消失。其次，消费者选择的是商品而不是渠道，渠道之间的差异不足以影响消费者的消费决策。最后，消费者对于渠道的选择一定是晚于商品选择的，所以如果用户在场景中可以直接进入渠道，再额外跳转出去选择其他渠道的机会将降低。综合以上原因，如果渠道不上移至场景，也就意味着逐渐失去生存机会。

零售能力输出，渠道融合到场景中，令交易执行阶段与需求及交易决策阶段更紧密地联系在一起，从而实现消费者体验提升和消费转化效率提高。

（2）渠道提供零售能力输出

渠道的零售能力的输出是渠道与场景融合的最重要的条件，站在渠道商的角度，将零售能力输出，既是基于现实的发展规律，也是收益颇丰的举措。

纵观电商的发展历程，头部互联网零售商大致都经历了三个阶段。

第一阶段：零售基础能力建设。比如阿里打造天猫、淘宝平台，建立支付宝和阿里云；京东建设京东商城和京东物流；苏宁从线下走到线上，打造苏宁易购，并形成自己的物流和金融能力。

第二阶段：零售能力整合。这个阶段，各大平台出于不同的策略，形成了迥异的发展方向。阿里投资苏宁、银泰百货、大润发、盒马鲜生、口碑等，形成阿里新零售八路纵队；京东则联合微信等大流量入口为主站导流，还与沃尔玛联姻成为利益共同体；苏宁也是一路大手笔收购万达百货、迪亚天天、OK 便利店和家乐福中国，联合苏宁小店战略，将线下优势发挥到极致。头部互联网零售商各显神通，整合并完善自己的零售能力。

第三阶段：零售能力输出。阿里以零售通和聚石塔为代表的新零售战略，京东以新通路和开普勒为代表的无界零售战略，以及苏宁以零售云、星河云为代表的智慧零售战略都是典型的零售能力输出，这是头部互联网渠道零售能力溢出的必然结果。

为什么会存在零售能力溢出？原因有三。

首先，零售资源和能力存在周期性的使用和常态化的闲置。最典型的就是阿里的云计算服务，虽然双11大促的时候所有资源会被打满甚至超负荷，但平时存在大量资源和能力闲置，所以阿里云就将闲置下来的资源供应给需要云服务的企业。

其次，头部电商平台业务放缓，导致对内服务资源过剩。京东物流作为京东三驾马车（电商、物流和金融）之一，近年来备受瞩目。开拓自营物流的先例，业务水平也堪称业内典范，备受用户好评。随着京东物流规模不断扩大，而电商平台业务放缓，京东物流不再满足于只服务京东内部，逐步向第三方开放。虽然已经连亏多年，好在2019年第二季度实现盈亏平衡，其中第三方业务占比达40%。

最后，从规模效益角度考虑，可以降低内部成本，拓展资源对外输出。虽然各大头部电商都打着零售行业的旗号，却都是标准的科技企业，科技团队都不下万人，打造一套最常见的订单履约系统，包括购物车、寻源、订单、库存、支付、结算等全套功能，复杂程度其实非常高，而其他零售企业根本不具备这样的研发能力，所以将零售能力对外开放可以降本增效。

（3）渠道提供全交易链路、端到端的产品

电商平台需要提供全交易链路、端到端的产品，我们将给大家详细分析一个非常经典的电商输出的案例：京东开普勒。

京东开普勒起源于“京X计划”，该计划从2015年开始布局，包括京东和腾讯的“京腾计划”、京东和今日头条的“京条计划”、京东和百度的“京度计划”、京东和奇虎360的“京奇计划”。当时，“京X计划”的主要目的是流量入口对京东主站的导流，即通过“导购”模式在流量入口建立京东主站的链接，合作伙伴以SDK/H5/小程序的方式集成也可直接唤起京东App。这种“导购”模式也就形成了京东供应链能力输出的另一种形态！

整个“京X计划”给京东带来了大量的流量，但也算不上是一种非常成功的方式，在2016年，京东活跃用户增速开始呈快速下降趋势。2017年的“京X计划”核心年中，该趋势仍未得到有效遏制，且处于历史低点。因为京东开普勒的“导购”模式对非会员并不友好。

但是，京东并没有放弃尝试。同期，京东推出了供应链能力输出的第二种形态——“买断”模式。“买断”模式是在合作伙伴的应用里通过京东API实现商品瞬时采购，以销定采。京东开普勒为合作伙伴提供完备的API，与合作商的自有商城实现对接。合作商拥有自主定价权，瞬时零库存采购，通过自主定价转售。下单后的执行链路全部由京东解决。

这两种模式属于供应链能力输出模式，要求合作商有足够的商城开发能力和商城运营能力，真正有如此能力的企业并不多，基本是一些大型的国企、银行等企业，用于企业内非经营性物资的采购。合作企业要自己搭建商城、自己负责运营，成本高、投入大、一个企业自建商城的年交易额如果不超过1个亿，使用这种模式基本都是不划算的。

同时作为供应商的京东一般也很难做到独家，而且还要配合企业的商城做定制化开发和调试，承担较长的账期和资金的压力，因此京东开普勒的此种模式也不温不火。而且不乏失败的案例，爱奇艺的商城就是采用这种模式的“京爱计划”的产物。

经历了前两种模式的锤炼，开普勒的第三形态，我们认为是其提供了真正的零售能力输出产品并取得了极大的成功。重要产品就是京东商城小程序，简单说就是开普勒帮助京东生态内的第三方商户在微信上建立小程序商城，并同步输出其供应链能力。之所以取得成功，除了微信对于京东的流量支持外，其在产品设计上也有了极大的改进：

首先，提供端到端产品，开普勒为商户提供了一键创建小程序，商户无需开发，直接在微信端建立商城，即提供了一个基于微信的生态的端到端产品。

其次，开普勒提供完整的交易链路产品，用户在微信商城下单无需跳转到京东主站，而订单创建通过系统转为京东订单并由京东进行订单履约。极大地增强了用户的购物体验。开普勒实现了销售渠道与基于品牌的场景融合，让品牌用户可以有更多的机会亲近品牌，品牌也重新拿到了用户的所有权。

截至2018 年年底，通过京东开普勒开通小程序的品牌商家近18000 个。618 期间，共有超过1 万个品牌商家通过开普勒小程序参与大促，GMV（成交总额）环比提升近5 倍；双11 大促期间，通过开普勒小程序累计下单量超过360 万笔。2019 年618 期间京东通过开普勒开放平台小程序累计引入UV（unique visitor，独立访客）同比增长281%，参与小程序红包、抽奖及拼豆活动总人次超过2200 万，可见正确的零售输出方式对企业有着巨大的提升和战略价值。

总结

新零售的未来，一定是有越来越多的价值链角色纳入价值创造过程中，原来的用户变为客户，原来单一消费者变为价值创造者，原来的单向输入输出变为双向的高效互动，价值链角色更高的专业度和更好的协同效率，带来价值链整体的价值提升，从而使价值中的各方受益。

我们再重申一遍新零售的定义：新零售是真正以消费者为导向的零售模式，消费者的需求得到充分的激发和真实的表达，制造商、零售、场景等多产业资源协同，以实现整体的降本增效，推动社会经济的高速发展。

后记一

我的人生规划中，从来没有考虑过要写书。写书要有一个持续研究的方向，并具备独特的观点，还要有优秀的文字能力和对出版行业的了解，而我都没有。有些事情，既是偶然也是必然，如同书中所说，“场景是零售行业发展价值链中必然产生的角色”，那么这本书的产生应该也是必然吧。

人生在世，总有些事情值得为之去奋斗，特别是我来了苏宁，从事业务架构师一职，开始研究零售。

苏宁是零售行业的先驱者，在架构领域提出中台架构思想早于行业，自研系统取代 SAP 更是国产取代国外软件的先河，意义堪比阿里的去 IOE[①]。在零售领域，双线融合线上线下同价更是一次行业级的革命；更有收购家乐

① 去IOE，指在阿里巴巴的IT 架构中，去掉IBM 小型机、Oracle 数据库、EMC 存储设备，代之以自己在开源软件基础上开发的系统。

福、苏宁小店、Hygge 等一系列摸着石头的探索。但凡创新和变革都有巨大的风险，去架构这样一艘超级战舰，我时常有些兴奋。使这个企业再度腾飞，使之与亚马逊、Costco 并驾齐驱是我的目标，这件事情，值得做。

记得《风声》里有句台词："我辈只能奋不顾身。""我辈"正值人生壮年，有经历、有工作经验、有想法、有热情。自当躬身入局，把自己变成解决问题的关键变量。

我扫荡了各个平台上关于新零售的书，妄图在新零售的星河中，发现一丝希望，但无奈能力不足，势单力孤。

直到有一天，因为一个项目初次接触晖哥，当时没有会议室，就在研发二区休息区的圆桌上开始第一次对话，我感觉到，我们有着相同的目标，走着相同的我辈的道路。随后的几次交流，我渐渐理解了他的思路，也刷新了我对产品经理的认知：优秀的产品经理是行业的探索者，是商业模式的缔造者。

有一天，和书琪在一起吃饭，当时我们在一个团队，也是有着共同认知的好搭档。期间晖哥给我打电话说：培臻，一起写本书吧。我的第一感觉是，这不可能，但是我又很快地冷静下来盘点了一下手头的资源：这是我正在研究并且必须研究好的行业，我们具备这个行业的新观点，还缺一个文笔好的懂出版行业的专家……等等，专家不就在饭桌对面？！

回到饭桌上，我看着书琪吃下最后一块凉糕，问了她一句话：一起写本书吧？

1 分钟之后，我知道，这件事成了，一瞬间，我无比地富足。

之后，我辈躬身入局，一次次跨过江北的讨论，一次次线上争执，一次次久违重逢的饭局都是智慧和汗水的汇聚。无论哪个时代，我辈都是最令人神往的那群人，为这个世界、这个行业贡献自己一点微薄的力量。

记得《孙子兵法》的开篇写道：“一曰道，二曰天，三曰地，四曰将，五曰法……凡此五者，将莫不闻，知之者胜，不知者不胜。”一件事情能成功，天时地利人和缺一不可。

感谢家庭、朋友、同事。

感谢这个奋进的环境。

感谢这个属于我辈的时代。

乔培臻

2020 年 12 月

后记二

从未想过，自己正式出版的第一本书，会是关于零售业态的，它的诞生实在是具有偶然的戏剧性，又仿佛有着宿命般的必然。

出于对新鲜感的热忱，我从文娱公司跳槽至一家有着 30 年历史的互联网零售公司，工作的缘故我采访、调研了各个部门的专业人士，他们可能来自消费者中心、物流中心、O2O 中心，也有可能是中台、云计算等技术部门的“大牛”，但所有人都抱着一个共同的目的去工作，即更贴近用户的需求，这其实正是零售的本质。

从商品的陈列，到用户动线的设计，到生鲜速食选品的学问……当身边所有人都将零售视为专注研究的一门哲学、用心塑造的一门艺术、极致追求的一个梦想，“零售”终于由原先泛泛苍白的概念，成为让我沉醉其中的生动场景。研究它的时候，我既是“人货场”中的“人”，又时而跳脱出来，想要总览它的玄妙。

零售是一门古老的学问，从人类以物易物时期便孕育了内核，随着历史的进步，经济、科技水平的驱动，逻辑日臻复杂，形成了现今庞大、深邃的体系，并时刻处于变革之中。我们看到不断有新的商业模式推出，许多曾经的线下霸主屡屡唱衰、版图萎缩，眼看着很多线上新秀高楼起，又眼看着它们大厦倾。作为微小的行业参与者，时常会因为局势的风云诡谲而感到心情震荡，却斗胆想要一窥其本因。

有幸和培臻兄、殷晖兄成为同事，他们对零售的研究有着近乎执拗的热忱，多年的从业经验让他们有着更多的困惑与思考，经年累月之下总有些想法渴望与更多的人倾诉、探讨。命运让我们汇聚在一起，一个有想法，一个会理解，一个擅表达，三人短暂地聊了一小时便一拍即合，开始了合伙创作的模式，将对零售的一点浅薄理解梳理成章。

刚开始的合作并不顺利，三位作者的学科背景、思维模式、能力模型截然不同，殷晖兄是资深的产品经理，培臻兄是解决方案专家，我一直在做品牌营销，各有立场，各执己见，我们经常就某段表达到底是“干货”还是“干巴”激烈地争辩，大半天尚不能得出一个论点的共识。一度，我觉得跨越大半个城区甚至要跨过长江去殷晖兄家开会讨论，简直是自讨苦吃，浪费宝贵的周末睡觉时间。万幸有两位对待任何事都非常认真有韧劲的合伙人，他们都没退缩，我也不好意思第一个当逃兵，只好努力摸索更好的合作方式。当第一篇稿子经过十遍以上的反复修改后，我们总算接纳了彼此的想法，学会了兼融并包，打磨出了任何一人都无法单独写就的作品。我非常感谢二位仁兄，如果不是他们的拉扯、敦促，这本书大概又要像很多我只写了开头的小说、散文一样，没有完结的那一天了。

这本书约定交稿的时候，我正好换了新工作，又在装修新居以及筹备婚礼，几件人生大事都挤在了一起。懒散的我被生生逼成了时间管理大师，经常在回家的地铁上、在副驾上赶稿，深夜两点半、四点半奋力敲击键盘更是常态，很多次的精疲力竭和咬牙坚持，总算在今日开花结果。

感谢父母赋予的创作基因和文化氛围，让我一直对文字充满了喜爱，也感谢各位亲朋好友的鼓励、认可和建议，让我受益良多。特别要感谢的，是成书期间从男朋友变成丈夫的韩先生，因为有他的全心支持，让我自由赋闲了三个月，以最佳的心态和体能完成了本书的主体架构。

身处渺小，心向璀璨，愿所有读到此书的朋友，都始终葆有探索新鲜事物的兴趣，并能从中收获乐趣。

俞书琪

2020 年 12 月

致谢

本书的写作首先要感谢，从 2016 年到 2020 年无数家像阿里、京东这样的优秀公司和其背后无数的有才之士，在新零售领域的思考、创新、实践。他们在新零售方面的思考与实践，不仅给了我们很多启发和印证的机会，同时使我们有机会以一个外部的、全局的视角进行更具深度的观察与反思。

本书最需要感谢的是乔新亮先生。他是真正的实干家。本书有很多重要的观点都是在他支持下实践完成的，感谢他给我提供的机会以及全部的信任和支持。知遇之恩，无以言表。

另外，我要感谢宋加磊先生为本书做序，他是我的同事和朋友，我们曾一起战斗在行业的一线，惺惺相惜。

我要感谢王安先生，我们经常一起兴奋地相互分享各自的观点。对本书某些重要观点的产生过程，他起到了至关重要的作用。

在本书的写作过程中，特别需要感谢的是禅客科技陈文庄先生，对于本书第 7 章内容给予的宝贵建议。感谢杜汉武先生提供的宝贵机会，使我能够亲自参与到健康星球新零售项目的设计规划中。

乔培臻和俞书琪作为我的合作伙伴，在本书的筹备和撰写过程中分别经历了人生中的两个重大事件，培臻有了小宝宝，书琪成了家，桃花灼灼，瓜瓞绵绵，首先要恭喜他们。其次，书稿最终确定，从案例补充到谋篇布局再到遣词造句，他们都花费了无数的心血，他们是本书能够成书和出版的最重要的推动者。

从本书的构思到完成这几年中，正好也是我的家庭的成长时期。没有我太太金冲的全力支持和众多牺牲，就没有我今天的些许成绩。没有更多的时间陪伴小孩——殷鹤鸣成长，陪伴父母，是我最大的遗憾和愧疚。你们的鼓励和支持一直是我的主要的动力来源。谢谢！

新零售仍在不断的演化中，任何理论都有其适用范围，欢迎读者批评和反馈意见。在这个高速直连的时代，关于本书内容的讨论或咨询合作，您可以直接加我的微信 yinhui2025 和加我们的微信公众号 Newretail-2025。

殷晖

2020 年 10 月